# 组织、领导传销活动罪
## 精准、有效辩护论

◎张元龙 著

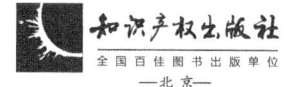

知识产权出版社
全国百佳图书出版单位
—北京—

图书在版编目（CIP）数据

组织、领导传销活动罪精准、有效辩护论/张元龙著. —北京：知识产权出版社，2019.11（2020.11 重印）

ISBN 978-7-5130-6477-4

Ⅰ.①组⋯　Ⅱ.①张⋯　Ⅲ.①传销—刑事犯罪—刑事诉讼—辩护—研究—中国　Ⅳ.①D924.334

中国版本图书馆 CIP 数据核字（2019）第 201991 号

责任编辑：龚　卫　李　叶　　　责任印制：刘译文
封面设计：张　冀

## 组织、领导传销活动罪精准、有效辩护论
ZUZHI LINGDAO CHUANXIAOHUODONGZUI JINGZHUN YOUXIAO BIANHULUN

张元龙　著

| | | | |
|---|---|---|---|
| 出版发行： | 知识产权出版社有限责任公司 | 网　址： | http://www.ipph.cn |
| 电　话： | 010-82004826 | | http://www.laichushu.com |
| 社　址： | 北京市海淀区气象路 50 号院 | 邮　编： | 100081 |
| 责编电话： | 010-82000860 转 8120 | 责编邮箱： | laichushu@cnipr.com |
| 发行电话： | 010-82000860 转 8101 | 发行传真： | 010-82000893/82005070/82000270 |
| 印　刷： | 北京九州迅驰传媒文化有限公司 | 经　销： | 各大网上书店、新华书店及相关专业书店 |
| 开　本： | 720mm×1000mm　1/16 | 印　张： | 11.75 |
| 版　次： | 2019 年 11 月第 1 版 | 印　次： | 2020 年 11 月第 2 次印刷 |
| 字　数： | 164 千字 | 定　价： | 59.00 元 |
| ISBN 978-7-5130-6477-4 | | | |

出版权专有　侵权必究
如有印装质量问题，本社负责调换。

# 序　言

　　张元龙作为一名主要从事刑事辩护业务的执业律师，近年来热衷于将办理刑事案件的心得体会和对相关法律法规的理解适用经验撰集成书。当我看到他即将付梓的这部书稿时，离为他上一次出版的《经济犯罪有效辩护实务经验谈：公司辩护联盟中南刑辩论坛微信群讲座集》作序不到一年。对于一位职业生涯正处于上升期的中年律师，百忙之中还念念不忘写书出版，委实难能可贵。

　　20世纪90年代初，大规模的传销活动从境外传入中国大陆。一些传销组织的不法之徒，利用市场经济初兴时期民众急于发家致富又摸不着快捷门路的焦灼心理，通过"拉人头"计酬返利获取高额回报的诱饵，以经营之名行诈骗之实，一时趋之若鹜而上当受骗者众。

　　20世纪90年代中期，我国立法机关酝酿对1979年《刑法》进行修订。在全国人大常委会法工委刑法修改研究小组的工作会议上，我曾建议在《刑法》中增设非法传销犯罪的规定，并搜集了一些外国相关立法例作了说明，但其时大家对传销活动的社会危害性尚未有充分认知，国家监管部门亦未对传销活动作出及时应对。我的建议当时未被采纳，给出的回复是国家工商法规尚未对传销活动作禁止性规定，刑法不宜作此规定。

　　进入21世纪后，非法传销的巨大社会危害性已充分显露。2001年3月29日，《最高人民法院关于情节严重的传销或者变相传销行为如何定性问题的批复》指出，对于从事传销或者变相传销活动，扰乱市场秩序，情节严重的，应当依照《刑法》第225条第（四）项的规定，以非法经营罪定罪处罚。但我认为，非法传销应当单独设立罪名，不宜以非法经营罪论处。在《人民检察》2007年第10期发表的《罪刑法定与扩大解释》一文中，我对此观点作了阐述："非法传销行为，在许多国家，尤其是经济法制比较健全的国家，都被认为是犯罪。传销与直销不一样，它并不对商业经营感兴趣，其作为象征性的商品与价值严重背离，只是用来作为骗取下家钱财的道具。因而传销完全是一种对社会有害无益的行为，不会给社会带来任何财富。这种行为应该规定为犯罪，但因其不具有任何商业经营的性质，因此不应并入非法经营罪的范畴。应当通过立法补充规定新罪名，而不是通过司法解释来解决。"因此，2009年2月28日，第十一届全国人民代表大会常务委员会第七次会议通过的《中华人民共和国刑法修正案（七）》，增设组织、领导传销活动罪。

虽然有较为明确的立法，最高人民法院、最高人民检察院、公安部也联合制定了《关于办理组织领导传销活动刑事案件适用法律若干问题的意见》作为具体的司法解释，但随着网络金融的兴起，以及经营模式创新潮流中的泥沙俱下、鱼龙混杂，在当前办理组织领导传销活动的刑事案件中，如何正确区分罪与非罪、此罪与彼罪，依然面临诸多疑难问题。从这个意义看，本书虽然在相关刑法理论的学术探讨上可能并不完美，但在刑事法律实务操作层面，却提炼了刑辩律师办理组织领导传销活动案件的切身经验与实战心得，凝聚着作者对刑辩实务潜心钻研多年的心血，都是满满的"干货"。尤其是如何在办理此类案件时实现有效辩护，具有很强的实用性、可操作性和可借鉴性。这也是本书的真正价值所在。

陈泽宪<br>2019年4月于北京

# 前　言

2009年，《中华人民共和国刑法修正案（七）》（简称《刑法修正案（七）》）出台，正式将组织、领导传销活动罪作为一项独立罪名，增入到《中华人民共和国刑法》（简称《刑法》）第224条合同诈骗罪之后作为之一条款，以适应司法实务中打击和规制传销活动定罪与处罚的需要。2013年11月14日，最高人民法院、最高人民检察院、公安部联合制定了《关于办理组织领导传销活动刑事案件适用法律若干问题的意见》（简称《办理组织领导传销活动刑事案件的意见》）。两者，一是刑事立法，一是司法解释，共同作为国家打击组织、领导传销活动罪的法律依据。

然而，按照新的法律规定，刑法打击的是"诈骗型"传销犯罪活动，而非"经营型"传销活动。《办理组织领导传销活动刑事案件的意见》第5条第2款规定，对于单纯以销售商品为目的，以销售商品的业绩作为计酬依据的，以"团队计酬"处理，不作为犯罪活动。在立法上，这是开了"一道口子"，规定了传销活动的例外情形。对于"团队计酬"活动，以行政违法处罚，不属于刑事犯罪。但是，在打开口子的同时，又作了保留。《办理组织领导传销活动刑事案件的意见》第5条第2款还规定，对于销售活动，"形式上采取'团队计酬'方式，但实质上属于'以发展人员的数量作为计酬或返利依据'的传销活动，应当依照刑法第二百二十四条之一的规定，以组织、领导传销活动罪定罪处罚"。这样相当于一把扇子的两个面,一面是团队计酬,另一面是传销犯罪,团队计酬处理不好,左边会滑向右边,即随时会滑入到传销活动犯罪中。这就让一些经营型销售平台会员难以理解了,对于真正的传销犯罪也有了辩解的由头,即我们这个是"团队计酬",而不是传销犯罪。是"团队计酬"还是传销犯罪?两者的界限在哪里?至今没有更细的立法规定或再出新的司法解释。因此,这两者之间,容易让人产生误解。

"团队计酬"和传销犯罪,除难以让人区分和有效厘清外,还有诸多的问题一时让人无法有效理解。甚至于没有经过专门的学习,没有专门办理过传销犯罪案件的法律职业人,也不能弄清楚。例如:

是诈骗类型传销,还是经营类型传销?

是计酬或返利依据建立在人员数量增加上,还是计酬或返利依据建立在销售业绩上?

是传销型集资诈骗活动,还是诈骗型传销活动?

是层级和人数的"裙带"关系,还是层级和人数的"熔断"关系?

参与人员支付的是"入门费",还是购买商品费?

是网络传销诈骗活动,还是线上的经营销售模式?

上述问题,也是司法实务中,对于传销犯罪案件认定和定性上争论不休的话题。本书从组织、领导传销活动罪的构成要件着手,着重分析和阐述要件下面具体要素。通过入门资格问题、计酬或返利计算依据问题、层级和人数问题、组织和领导者问题、团队计酬问题和客观骗取问题,以及该罪名和其他相临近罪名之区分,来对组织、领导传销活动罪作全面的解构,且对以上问题在不同程度上作了解答。

# 目 录
CONTENTS

**第一章　概念和构成** ·································································· 001
　第一节　组织、领导传销活动罪的概念和特征 / 003
　第二节　组织、领导传销活动罪的客体方面 / 007
　第三节　组织、领导传销活动罪的客观方面 / 008
　第四节　组织、领导传销活动罪的犯罪主体 / 015
　第五节　组织、领导传销活动罪的主观方面 / 021

**第二章　罪与非罪的区分** ······················································· 025
　第一节　组织、领导传销活动罪入门资格问题 / 027
　第二节　组织、领导传销活动罪计酬或返利计算依据问题 / 033
　第三节　组织、领导传销活动罪有关层级和人数问题 / 040
　第四节　组织、领导传销活动罪中组织、领导者问题 / 045
　第五节　团队计酬的界定，与组织、领导传销活动罪之区分 / 050
　第六节　有关传销活动罪"客观骗取"及实务辩护问题 / 058
　第七节　关于传销犯罪"情节严重"认定问题 / 062

**第三章　传销犯罪立法与罪名来源问题** ························· 065
　第一节　传销犯罪立法历程 / 067
　第二节　组织、领导传销活动罪罪名和司法解释 / 076

## 第四章 传销犯罪与他罪的区分 …… 081
　　第一节　组织、领导传销活动罪与集资诈骗罪的区分 / 083
　　第二节　组织、领导传销活动罪与非法经营罪的区分 / 092

## 第五章 组织、领导传销活动罪的刑事处罚 …… 099
　　第一节　5 年以下有期徒刑或拘役 / 101
　　第二节　5 年以上有期徒刑 / 104
　　第三节　关于罚金和没收财物的问题 / 108

## 第六章 从实务中看传销犯罪的有效辩护 …… 113
　　第一节　"云数贸""五行币"案 / 115
　　第二节　"湖某某"公司"团队计酬"活动 / 124
　　第三节　第三方让利新型电子商务平台 / 135

## 第七章 相关法律、法规和解释 …… 159
　　第一节　刑法 / 161
　　第二节　行政法 / 162
　　第三节　司法解释 / 167

**参考文献** …… 173

**后　记** …… 177

# 第一章 概念和构成

第一章 概念和构成

# 第一节 组织、领导传销活动罪的概念和特征

概念是人们认识事物,从感性认识上升到理性认识,对事物的共同本质特点之概括。它是人们在认识事物过程中,在思维体系中形成的基本单位。组织、领导传销活动罪,是传销活动上升到刑法层面犯罪程度的规定,由刑法规制实施刑事制裁的罪名。

## 一、组织、领导传销活动罪的概念

组织、领导传销活动罪的概念,在《刑法》第224条之一以及《办理组织领导传销活动刑事案件的意见》里有明确规定。

组织、领导传销活动罪是指以推销商品、提供服务等经营活动为名,要求参加者以缴纳费用或者购买商品、服务等方式获得加入资格,并按照一定的顺序组成层级,直接或者间接以发展人员的数量作为计酬

或者返利依据，引诱、胁迫参加者继续发展他人参加，骗取财物，扰乱经济社会秩序的行为，其组织内部参与传销活动人员在 30 人以上且层级在三级以上。据此，实施组织、领导传销活动，应对组织、领导者依照法定程序追究刑事责任，即构成了组织、领导传销活动罪。

## 二、组织、领导传销活动罪的特征

组织、领导传销活动罪的特征，就是该罪名概念中所包含的内容。笔者紧扣法条字义，围绕法条和司法解释归纳如下。每一处"，"标点，就是一个构成犯罪要件内容，也就是一个特征表现。虽然，有人认为组织、领导传销活动罪的特征还指向以上法条规定之外的内容，如案件发生影响面广、涉及人数众多、资金全部被没收等特点。但是，笔者认为这不是主要特征，这些是由主要特征延伸出来的外围特征，或称之为边缘性特征。这些边缘性特征，也能反映组织、领导传销活动罪的内容和复杂性，但不是核心要件内容。而构罪核心要件内容，才是我们要考察和掌握的点。那么，该罪名的主要特征，笔者认为有以下几个方面。

### （一）以什么名义

这是该罪的首要特征实际上就是"理由""由头""原因"。在经济犯罪领域，只要是与诈骗有关联的罪名，通常都是有"以什么原因"这一要素的。例如，诈骗罪一般意义上都会存在犯罪嫌疑人以什么样的名义吸引他人的注意并使其参与其中；集资诈骗罪是以什么名义让他人加入投资队伍中；以什么名义让他人相信你、相信这个项目，自愿地掏出钱给到项目或平台中来。组织、领导传销活动罪的"以什么名义"，是指以推销商品、提供服务等经营活动为名。

## （二）是否有"入门费"

这是一项很重要的特征。因为关于"入门费"问题，也是传销犯罪区别于其他相邻近罪名的主要特征。例如，该罪名和非法吸收公众存款罪和集资诈骗罪的区别在于传销犯罪有"入门费"一说，另外两个罪名没有"入门费"，也就是没有把"入门费"作为一项门槛或者加入组织或平台的条件。传销犯罪的"入门费"是指要求参与者以缴纳费用或者购买商品、服务等方式获得加入资格。

## （三）组成层级

这是组织、领导传销活动罪中最突出的形象特征。和其他相邻近罪名最主要的区别就是人员形成层级和人数问题。这种层级和人数关系，像金字塔一样，越往上级别越高、越顶尖，越是下线层级人数越多，呈现"裙带"样状。其他罪名则没有此特征。其他相临近罪名参加人员虽然人数众多，但没有组织性，没有形成层级的"裙带"关系。只有传销犯罪，它要求参与人员需要按照一定的顺序组成层级，形成上、下级"裙带"关系。对于组织、领导者，其组织内部参与传销活动人员在30人以上且层级在三级以上。

## （四）计酬或者返利依据

这是构成组织、领导传销活动罪中最核心的特征。这种特征在表面上是看不见、摸不着的。如果不是研究人员，或者不是模式或平台的顶层设计人员、整个模式掌控人员，是无法得知此要件内容的。大多数参与人员，只是觉得自己加入此平台就可受益，可从下线人数中获得计酬依据，但是这种计酬依据是来源于下线人员的增加，还是来源于下线人员的销售业绩，大多数人不清楚也不了解。这也是容易让绝大多数人无法有效掌握该罪名核心内容的主要原因。组织、领导传销活动罪就是以直接或者间接发展人员的数量作为计酬或者返利依据的。

### （五）引诱、胁迫他人参加

引诱、胁迫参加者继续发展他人参加，是外在表现特征，其内在原因是因为组织、领导传销活动计酬或返利依据建立在人员数量增加之上。因此，就需要加入人员不断地发展下线人员，通过从下线人员缴纳的费用或购买商品所支付的费用中获得计酬，这是循环反复的。参加人员通过引诱、胁迫他人继续发展新人员，实则是做大自己的业绩。下线人员停止增加，他的计酬业绩就会中断，因此，需要不断地发展下线人员。

### （六）骗取财物

骗取财物是组织、领导传销活动罪最为隐蔽的特征。传销犯罪中有一种现象，没有人会说自己是在骗取他人钱财，也没有一位加入人员说自己是受害人。从表面上看，很难发现传销活动是在骗取他人钱财。但是，懂得经济学和法律学的人，经仔细研究和辨别，就会发现这种传销活动的平台或模式不会长久，很难长远维系，终有一天会破灭。到那一天，顶层设计人员和掌握资金的最上层组织、领导者，就会携带资金逃跑、挥霍资金、转移资金，下线人员的钱款无法追回。这样一来，只要案发，就会成为扰乱经济社会秩序的严重犯罪活动。

组织、领导传销活动罪的概念、特征和构罪要件，涵盖了该罪名的客观方面、主观方面，实质的、表面的，核心的、外围的，定罪、出罪也在其内。该罪名的概念和特征，为该罪名定罪和刑事辩护研究提供了前提条件，奠定了研究基础。

# 第一章 概念和构成

## 第二节 组织、领导传销活动罪的客体方面

犯罪客体，是指犯罪行为所侵害的、我国刑法所保护的社会关系。社会关系涉及社会生活的方方面面。为犯罪所侵害的、受到我国刑法所保护的社会关系，只是其中最为重要、让立法上升到犯罪程度的社会关系的一部分。概括来说，就是被我国立法上确定为刑法分则所保护的社会关系，包括了国家安全、公共安全、社会主义经济基础、社会主义市场经济秩序、公民的人身权利、民主权利和其他权利、社会主义社会管理秩序、国防利益、军事利益等。

### 一、组织、领导传销活动罪的客体

组织、领导传销活动罪侵害的是多重客体。在 2009 年《刑法修正案（七）》将组织、领导传销活动罪单独列为一条，作为一项独立罪名，置于《刑法》第 224 条合同诈骗罪后面，作为之一条款。之所以将其列在合同诈骗罪后面，就是考虑到该罪名具有同合同诈骗罪有所关联和共通之处。例如，这两个罪名都具有骗取他人财物的属性，最终都是为了将钱款骗走、转移他处，经营模式不长久，不能长远维系。组织、领导传销活动罪同合同诈骗罪一样，在侵犯客体上都具复杂性和部分相同性，甚至，前者侵犯的客体比合同诈骗罪要多。合同诈骗罪侵犯国家对经济合同的管理秩序和公私财产所有权；组织、领导传销活动罪侵犯的客体为国家对市场经济的管理秩序、公私财产所有权。

目前，我国《刑法》分则上将组织、领导传销活动罪放到第三章"扰乱市场经济秩序"篇中，这主要是考虑到其扰乱的是国家市场经济

管理秩序，便于和其他相邻近罪名一同研究。但是，笔者认为组织、领导传销活动罪侵犯的是多种客体。扰乱市场经济秩序是从维护稳定局面出发的，而侵犯他人财产所有权是从该罪骗取财物之本质着想。除此外，它还严重破坏了国家的金融管理秩序。想想看，一宗组织、领导传销犯罪案件的发生，尤其近年来，一些网络型传销犯罪的发生，涉及大量金钱，这些金钱往往进入到传销组织或平台中，聚集了大量的资金。这些平台有的还通过地下钱庄滋生其他类型的犯罪，严重破坏了国家金融管理秩序。

### 二、组织、领导传销活动罪的侵害对象

侵害对象相对于客体更为直接、简单些，就是瞄准的具体有形的、可以测绘的对象。组织、领导传销活动罪的侵害对象，就是被害人的钱财。通过发展人员缴纳费用或购买商品、提供服务支付的费用作为计酬或者返利依据，实现对侵犯对象财物的侵吞。

对组织、领导传销活动罪侵犯客体和侵害对象进行了解和掌握，主要是为了有效地分析和其他一些关联罪名的联系与区别，知道其在《刑法》分则里所在的章节，从而为研究该罪名和辩护实务中分清此罪与彼罪上，提供帮助和理论支撑。

## 第三节 组织、领导传销活动罪的客观方面

犯罪的客观方面，是指我国刑法所规定的，说明行为对刑法所保护的社会关系造成侵害的客观外在事实。犯罪的客观方面是构成犯罪所必须具备的构罪要件。我国《刑法》分则规定了具体某种犯罪的行为种

类。具体到犯罪的个罪类型，就是由行为主体，行为方式，行为内容，行为状况，行为的时间、地点、方法，行为对象，危害结果等要素所组成的。这些要素，就构成了该类型行为触犯犯罪的客观方面内容。

犯罪的客观要件是指构成犯罪在客观方面所必须具备的内容或条件。它是客观方面的一个下位概念，是犯罪事实必须具备的要件。客观要件具备两个明显的特征：

一方面，必须是我国刑法明文规定的。不是明文规定的，不作为构罪要件。刑法分则中对类型罪和个罪的法律事实作了明确的规定，当然，刑法有限的条文篇幅没法全部列明，更多的则是在司法解释中予以规定。例如，规定"违反国家金融管理法规，非法吸收公众存款或者变相吸收公众存款，扰乱金融秩序的行为"为非法吸收公众存款罪。这里面的条文内容"非法吸收公众存款"就是刑法分则明确规定的法律事实，如何的非法、如何的吸收、如何属于公众，就由司法解释予以规定了。

另一方面，必须是以客观事实为内容。也就是说这些内容，不是虚拟的、不存在的、没有依据或证据支撑的事实，而必须是客观存在的。通常是由行为主体实施危害行为，对行为对象产生了危害的结果，危害行为和危害结果之间存在因果关系。客观要件，不包括行为人主观意志、心理态度等方面，只研究行为人实施行为和对外界产生影响的身体动静客观事实内容。

## 一、概述

组织、领导传销活动罪，重在客观方面的考察和研究，是否构罪着重在于客观方面，而非主观方面。

### (一) 组织、领导传销活动罪重在客观方面

有人说，组织、领导传销活动罪的认定和律师辩护，应看行为人是否有犯罪主观故意，考察其主观方面。其实，这是不准确的说法。组织、领导传销活动罪的主观方面可以考察，但不是重要方面。因为，《刑法》第224条之一条款以及《办理组织领导传销活动刑事案件的意见》第3条关于"骗取财物"认定问题里面的规定，"传销活动的组织、领导者采取编造、歪曲国家政策，虚构、夸大经营、投资、服务项目及盈利前景，掩饰计酬、返利真实来源或者其他欺诈手段，实施刑法第二百二十四条之一规定的行为……应当认定为骗取财物。参与传销活动人员是否认为被骗，不影响骗取财物的认定"，即传销活动不以犯罪嫌疑人的主观意识、犯罪故意作为必备的构成要件，即便行为人不认为自己是被骗，也不影响"骗取"财物之认定；即便行为人认为自己不是骗取他人，主观上没有骗取意图，也不影响"骗取"之事实认定。因此，组织、领导传销活动罪的认定重在客观方面而非主观方面。

### (二) 法律规定和客观事实统一

客观方面就是客观事实和法律规范的对应，利用证据法知识、程序法内容，达到实体内容的目标。案件犯罪事实是根据刑法规定和客观事实来认定的，这是刑法理论上的普遍认识。即便是近年来出现的一些和网络密切关联的传销活动，也应根据法律规范和客观事实认定犯罪事实。意在虚拟网络中的犯罪与传销现实社会中的同种犯罪在"构成要件设计、行为的样态、危害结果的形式等方面呈现出差别"。这也说明刑法的适用过程就是将案件事实和法律规范相对应，更精准的说法是将案件事实和犯罪之构成要件相对应。正是这种对应过程，刑法的解释才获得了存在的价值。

## 二、组织、领导传销活动罪的客观方面

组织、领导传销活动罪的客观方面基本存在于该罪的概念里面，即《刑法》第 224 条之一条款和《办理组织领导传销活动刑事案件的意见》第 1 条第 1 款规定内容。其中，最主要的是入门费、计酬或返利依据建立在人员数量增加之上、层级和人数这三个方面，其也是最主要、最核心的构成要件内容。

笔者前面谈到犯罪客观方面的范围和外延要大过犯罪的客观要件。客观方面包含很多元素，而客观要件是构成犯罪所必须具备的条件和内容。因此，两者是有区分的。

《办理组织领导传销活动刑事案件的意见》规定中将组织、领导传销活动罪的认定分为 7 个条款，作为对该罪名的概括和规定。第 1 条是解决组织、领导传销活动罪的概念和特征，以及层级和人数问题，还加上了关于收集证据的问题；第 2 条是关于传销活动有关组织、领导者的认定和处理问题；第 3 条是关于"骗取财物"问题；第 4 条是关于"情节严重"的认定问题；第 5 条是关于"团队计酬"方面的问题；第 6 条是关于罪名适用问题；第 7 条是其他问题。前面 5 条都是和客观方面有关联的方面，具体包含了以下内容：

（1）以什么名义。如以推销商品、提供服务为名。这里"什么样"、是以什么商品、如何提供服务为内容，属于客观方面。

（2）要求参加者缴纳费用或者购买商品、接受服务等方式，获得加入资格。这也是客观方面内容，也是有关入门费的问题和内容。

（3）按照一定的顺序组成层级和建立人数网络。这种建立层级和人数网络是客观存在的。例如，存在于传销公司的总部记录，存在于组织、领导者人员的手记笔记里面，存在于上层组织、领导者记录里，新时期网络传销犯罪成为主流后则存在于公司电脑 PC 网站的后台里。

(4)直接或间接以发展人员的数量作为计酬或返利依据,这是客观方面最主要的要件。传销犯罪最本质的特征就是以人员数量的增加所缴纳的费用作为计酬或返利依据,这也是传销犯罪区别于团队计酬和其他类型销售行为最主要、最核心的特征。

(5)引诱、胁迫参加者继续发展他人参加。这里的引诱、胁迫也是客观方面。新时期,"引诱""胁迫"行为有了一定的发展。司法实务中,"胁迫"很少见了,"引诱"成为发展下线人员的主要行为。其中,对于引诱的理解上,出现从不同角度出发,结果不同的问题。例如,辩护人认为行为人没有引诱他人加入、发展其为下线人员的行为,只是口头上的沟通或者微信上的信息传递,不存在引诱之说。但是,控告方会认为行为人将模式的优势、夸大经营前景、夸大解释就是引诱,即便是一般的信息传递,正常交流,也可以成为引诱。因此,在对"引诱"理解和认识上,存在不一致之处。

(6)骗取财物,扰乱经济社会秩序的行为。骗取财物也是客观方面。传销活动的模式发展到最后,其目的均存在骗取被害人财物。

以上6个方面均是组织、领导传销活动罪犯罪客观方面的具体元素。

### 三、组织、领导传销活动罪的客观要件

客观要件不能等同于客观方面,它是客观方面的下位概念,其范围和外延要小于客观方面,是客观方面的核心内容部分,是在客观方面里面,对于构成刑法上犯罪犯罪客观方面所必须具备的要件,缺少则不能成立犯罪。

对于组织、领导传销活动罪,笔者认为客观方面应该具备三个客观要件才能认定犯罪成立。这三个要件分别是入门费、计酬或返利建立在人员数量增加上、层级和人数问题。

### (一) 入门费

入门费是通俗说法,是人们对于加入传销活动需要交付一笔费用的日常习惯称谓。根据《刑法》第224条之一以及《办理组织领导传销活动刑事案件的意见》第1条规定,入门费其实就是指要求参加者缴纳费用或者购买商品、服务等方式获得加入资格,即入门费包括三个方面内容。

(1) 要求参加者直接缴纳费用。这是传统传销犯罪获得加入资格最为常见的方式,是赤裸裸的直接交费活动。其要求加入人员直接缴纳一笔费用,如此便获得了组织的认可,正式成为组织的一名成员或会员。

(2) 以购买商品为名义支付一笔费用。这种传销活动是以商品交易为名义,至于这里的商品是形式上的商品,还是货真价实商品,就属于另外一个问题了。这种付费要求参加者以购买商品为名义支付一笔费用,从而获得了加入资格,成为组织的会员。

(3) 以接受服务为名义支付一笔费用。这种名义同购买商品大致相同。他们都是以某种商品或服务为名义,实质上是让参加人员支付一笔费用,从而获得加入资格。

注意,这三种形式,都要求参加者付费,如果没有付费,那么肯定不是传销活动,因为没有形成利益连带关系。只要有付费,付费多少可不予论,只要由付费才能获得入门资格,就会与传销活动有关联。

### (二) 计酬或者返利建立在人员数量增加之上

计酬或返利建立在人员数量增加之上是组织、领导传销活动罪的最重要的特征,也是最核心的构成要件部分,更是区分罪与非罪最重要的方面。按照《刑法》第224条之一规定以及《办理组织领导传销活动刑事案件的意见》第1条规定,直接或者间接以发展人员的数量作为计酬或返利依据的。

（1）直接以发展人员数量作为计酬或返利依据。这种就是赤裸裸的以发展人头数量，靠人员数量的倍增来达到组织人数的迅速扩充，从而从加入人数缴纳的费用中获取利益，达到顶层资金的聚集和暴增。

（2）间接以发展人员数量作为计酬或返利依据。这种就是以购买商品、提供服务为名义，而实质上靠人员数量增加支付费用作为计酬或返利依据。商品和服务是他们提供的一个幌子、一个道具、一种形式而已，内容和实质、目标与最终目的就是靠人员数量的增加来达到计酬或返利依据的计算，达到财物的积累和聚集的。

计酬或返利依据建立在人员数量增加之上是区分罪与非罪的重要方面，也是区分组织、领导传销活动罪与"团队计酬"的核心内容，更是判断某种经营活动模式或者销售方式改进是否涉嫌传销活动的重要和核心要件。

### (三) 层级和人数问题

层级和人数是组织、领导传销活动罪的重要特征，是拉人头、人数形成"裙带"关系的主要表现和发展结果。如果没有形成层级和人数关系，那么，即便有要求缴纳入门费、骗取他人财物，也是定其他罪名，如集资诈骗罪、非法吸收公众存款罪，但不构成组织、领导传销活动罪。也就是说，传销犯罪和其他非法集资类犯罪的主要区别在于是否形成层级和人数关系。

根据《刑法》第 224 条之一和《办理组织领导传销活动刑事案件的意见》第 1 条规定："按照一定顺序组成层级……其组织内部参与传销活动人员在三十人以上且层级在三级以上的，应当对组织、领导者追究刑事责任。"由此可看出，刑法和司法解释把组织、领导传销活动罪参与人员是否形成层级关系，以及是否达到 30 人且在三级以上作为追究刑事责任的起点。对于尚未满足该条件的，不能入罪。

层级和人数问题是组织、领导传销活动罪发展成员是否形成"裙带"关系的重要考察内容的认定。由于市场经济的发展，一些以网络为工具和以网络为空间的新型网络传销行为，对于层级和人数问题出现了与司法实务中不一样的计算方式。其内在组织的网状状态，虽然形式上类似于"树形发散"形式，但实质上没有变化，还是层级和人数形成的"裙带"关系，这也可以归纳到层级和人数的考量上。当然，具体还需要结合案件来判断。

组织、领导传销活动罪客观方面内容比较多，但是，笔者认为客观要件就是前述三个要件。其中，入门费是为了获得加入资格，是为计酬或返利建立在什么依据上作准备和前提条件。最核心要件又是计酬或返利建立在人员数量之上，依赖于人员数量增加给付的费用。同时，人员数量是通过形成层级和人数的"裙带"关系来实现暴增的。

## 第四节　组织、领导传销活动罪的犯罪主体

我国刑法的规定，犯罪主体是指实施了危害社会、侵犯法益的行为，依法应当负刑事责任的自然人或单位。自然人犯罪主体是指具备刑事责任能力，实施危害社会的行为并且依法应当负刑事责任的自然人。单位犯罪主体是指实施了犯罪行为，应当承担刑事责任的公司、企业、事业单位、机关、团体。

组织、领导传销活动罪，自然人为犯罪主体是常见情况。但是，单位是否可以作为组织、领导传销活动罪之主体呢？在理论研究上还没有共识。笔者查阅最高人民法院"中国裁判文书网"尚没有找到有关单位作为该犯罪主体的判例。从我国《刑法》和《办理组织领导传销活动刑事案件的意见》相关规定上来看，单位不便于作为组织、领导传销

活动罪的主体。

## 一、自然人主体

组织、领导传销活动罪的主体,自然人主体是常态。笔者认为,也只有自然人才能成为该罪名的犯罪主体,这是传销犯罪的特征决定的。因为,在传销活动中,要形成层级和人数的"裙带"关系,上线是以下线人数的增加作为计酬或返利依据的。如果不是以自然人为主体,以单位为主体无法形成层级和人数的"裙带"关系。单位包含决策层、高管、员工等,单位只是法人的代称。如果把单位也列入传销的层级里面,那么,无论单位内部的法人、决策层、股东、员工等置于什么样的位置都不符合传销犯罪的特征和内在要求。

《办理组织领导传销活动刑事案件的意见》规定,组织、领导传销活动罪自然人主体,具备以下几个特征:

一是实施了传销活动行为;

二是其组织内部参与传销活动的人员在30人以上且层级在三级以上的;

三是系传销活动的组织、领导者。关于组织、领导者认定问题,哪种情况才算达到和认定为组织、领导者呢,那是另外一部分内容,在之后关于组织、领导者问题上,笔者会进行分析。

## 二、单位主体

组织、领导传销活动罪中是否存在单位犯罪主体呢?这一点存在不同的看法。从法律和司法解释上看,以自然人为犯罪形成主体的层级和人数适合用"裙带"计算,单位不适合以"裙带"计算人数。

# 第一章 概念和构成

## （一）单位犯罪构成

《刑法》第30条规定,"公司、企业、事业单位、机关、团体实施的危害社会的行为,法律规定为单位犯罪的,应当负刑事责任"。《最高人民法院关于审理单位犯罪案件具体应用法律有关问题的解释》(1996年6月18日法释〔1999〕14号)第2条规定,"个人为进行违法犯罪活动而设立的公司、企业、事业单位实施犯罪的,或者公司、企业、事业单位设立后,以实施犯罪为主要活动的,不以单位犯罪论处"。第3条,"盗用单位名义实施犯罪,违法所得由实施犯罪的个人私分的,依据刑法有关自然人犯罪的规定定罪处罚"。《最高人民法院关于印发〈全国法院审理金融犯罪案件工作座谈会纪要〉的通知》(2001年1月21日法〔2001〕8号)"二（一）关于单位犯罪问题"规定：依据刑法和《最高人民法院关于审理单位犯罪案件具体应用法律有关问题的解释》的规定,以单位名义实施犯罪,违法所得归单位所有的,是单位犯罪。

因此,单位犯罪始终要求具备两个要件,一是以单位名义实施的,二是违法所得归属单位。两个要件,缺一不可。具体到各部门法律的适用上,有些部门法规有稍微明确一点、外延更广一点的规定。例如,2002年最高人民法院、最高人民检察院、海关总署印发的《办理走私刑事案件适用法律若干问题的意见》第18条规定："具备下列特征的,可以认定为单位走私犯罪：（1）以单位的名义实施走私犯罪,即由单位集体研究决定,或者由单位的负责人或者被授权的其他人员决定、同意；（2）为单位谋取不正当利益或者违法所得大部分归单位所有。"这是对于单位犯罪两个要件具体内容的更细化,其中,"以单位名义",列明了由单位集体研究决定,或者由单位的负责人或者被授权的其他人员决定、同意；违法所得归单位,列明了为单位谋取不正当利益或者违法所得大部分归单位所有。这样,就在法律适用上,更细化、明确、具体了。

### (二) 传销活动单位犯罪问题

组织、领导传销活动罪中，是否存在单位犯罪问题呢？笔者认为，从刑法条文规定上是看不出来的。《办理组织领导传销活动刑事案件的意见》里面也没有明确规定。从传销犯罪的特征和性质，从发展人员组成的层级和人数形成金字塔形状"裙带"关系上看，就不存在单位犯罪问题。因为，人数和层级要达到30人和三层级，对于自然人来说这是便于计算和排次，但如果是单位则不便于或无法排出人数和层级，无法出现金字塔状的计酬或返利依据的"裙带"关系。因此，从这方面讲是无单位犯罪的。

从传销活动决策上看，又有出现单位犯罪问题的基础条件和基因。例如，我们在办理"湖某某"公司产品在东莞地区涉嫌组织、领导传销活动罪案件时，就发现涉案的犯罪嫌疑人在加入"湖某某"公司作为加盟人员时，都是和"湖某某"公司签订《销售产品代理合同》，合同约定加盟人员作为代理商，按照公司开发出来的 PC 网站和手机 APP，进行销售、管理、服务和结算，按公司的模式进行产品的销售和运营。如果说，这些人员涉嫌组织、领导传销活动罪，那么，是否单位才是决策之人？单位也是经过集体研究决策的，而且，收益归单位，至于收益到了单位后按股权比例进行分配，那是另一个法律关系。但是，从这样一个案例中可以看出，单位没有被追究刑事责任，而是由下面的一些代理商或加盟经销商承担了刑事责任。从司法公正角度看，显然是不公平的。

### (三) 网络传销单位犯罪问题

从传销犯罪中将单位财产予以没收问题上看，我们必须认真审视单位犯罪问题。

## 第一章 概念和构成

在我们办理过的传销犯罪案件中,一些传销犯罪案件背后都有大的平台做依靠,而大的平台,起初就是由单位发起和设立的,单个人无法独立有效完成。特别是近几年来,网络犯罪的出现,一些大的组织形式,都是设计有公司存在的。但是,我们在判断公司设计时,是以传销犯罪为目的设立公司,似乎理由不充足。例如,我们在办理人民通惠集团有限公司、人民通惠国际控股有限公司涉嫌组织、领导传销活动罪案件中,发现该公司于2013年8月在北京设立,当时的背景是国家提出"大众创业、万众创新",共享经济和分享经济相关概念。那么,这些新概念给创业者的福音,结合市场实际情况,就会加大大胆创新、大胆开拓、锐意进取。如果要实现共享经济和分享经济,技术上要通过网络实现。传统方式也能实现一定程度的共享经济和分享经济,但是其作用、功效、市场影响非常有限。要实现大范围的共享经济和分享经济,最好的方式是开发软件。此外,当时国家的网络硬件条件已经成熟,为软件技术的开发奠定了坚实基础,线上开发能力也越来越强,可谓技术上不成问题,就是看如何构思和搭建框架,以及具体实施情况了。结果,一段时期内,各种大型平台、中型平台都出现了,尤其在沿海发达城市。通过网络技术实现,以网络为空间,运用网络上虚拟的货币作为结算方式或作为结算工具的平台,随处可见。而这些平台起初都是由人组成的,并依法注册公司和纳税的。

其中,有些电子商务公司,将自身定位为第三方交易平台,把买、卖的双方都召集到网络平台上来,让他们在网络上进行交易,自己从中收取的一定的中介费、服务费和广告费等,如"云某某"平台。有的将自己定位于集电子商务、卖方于一体,定义为综合性平台。这种平台,开发了线上网络的同时,线下也开设有直营店或邀请他人加盟的加盟店,如"人民通惠"集团有限公司等。这些公司都有一个共同点,公司设立时期,有正规工商登记与营业执照,运营初期是有合法纳税的。对于公司是否以传销为目的而设立,这是很难作出精准判断的。如果公司设立时并没有进行传销活动,而经过一段时间运营和积累后,里面的计酬或返利模式开始走向传销犯罪之路,不能因为其后来实施传销犯罪,就想当然的认为公司就是为了传销活动而设立的,这种推断是不完全客观和真实的。

但是,这些类型的公司涉案后,公安机关在对公司进行审查和采取刑事措施时,会将公司财产予以查封和冻结账户。之后,案件经过刑事程序,到审查起诉和法院审判阶段,最后到法院开庭审理,单位是没有被列为被告人的。

我们看到,一些传销犯罪案件中,办案机关在起诉意见书或起诉书中查明事实部分❶,会以"犯罪嫌疑人或被告人以传销为目的设立公司"等作为铺垫,作为后续让法院查明和判决没收单位财产的依据。之后,在法院的审判查明过程中,会对涉案单位的财产进行审查。但是,单位是否可以委托辩护人参与到诉讼中来呢?单位的辩护人是否可以出庭,参与辩护呢?这方面,一是没有针对传销犯罪单位诉讼这一块的法律依据,另外也要结合涉案财产判决没收需要参照的相关法律依据。因此,对于这一块,国家应当设立制定更加明确和清晰的法律依据,以更准确地运用到司法实务当中。

组织、领导传销活动罪中,从罪名的性质和层级与人数的组成上看是没有单位犯罪问题。从传销活动、公司主导设立和经营的过程看,又存在单位的影子。因此,对于传销犯罪的单位问题,尤其网络传销犯罪,单位问题应该提升到一定的研究高度,将单位是否也作为传销活动之主体列入立法讨论中去。

---

❶ 参见:佛山市公安局佛公诉字〔2018〕00343《起诉意见书》第4页,犯罪嫌疑人刘某某等人设立的公司涉及组织、领导传销活动罪案件中,就表述为以传销为目的创立的某某公司。

## 第五节 组织、领导传销活动罪的主观方面

主观方面是行为主体对于自己行为及其社会危害的结果所抱的心理态度。主观方面包括犯罪的故意、犯罪的过失以及犯罪的目的和动机这几种因素。其中，行为人的主观故意或者主观过失是构成所有犯罪必须具备的主观要件；犯罪动机则是刑法分则规定的个别罪名成立的要件，不是所有犯罪均需具备的。

根据《刑法》第14条的规定，犯罪故意是指"明知自己的行为会发生危害社会的结果，并且希望或者放任这种结果发生"的心理态度，包括直接故意和间接故意两种类型。《刑法》第15条规定，"应当预见自己的行为可能发生危害社会的结果，因为疏忽大意而没有预见，或者已经预见而轻信能够避免，以致发生这种结果的，是过失犯罪"。过失犯罪，可以分为疏忽大意的过失和过于自信的过失两种类型。

### 一、组织、领导传销活动罪的主观方面

组织、领导传销活动罪的主观方面，《刑法》第224条没有明确的规定，或者说可以援引的字和词。《办理组织领导传销活动刑事案件的意见》里面也没有相应规定。如果说，可以援引的相关内容，在法律条文中应该是"引诱、胁迫参加者继续发展他人参加"。这里面的"引诱"和"胁迫"行为，可能存在一定的主观因素。

引诱，是为了达到一定的目的或效果，在同某人交往或交谈中，有意识的引导对方往哪个方面走，让对方陷入企图达到自己的目的和结果。这里的引诱行为具有一定人为主观意识形态，从刑法犯罪主观方面

理解，应该是犯罪的故意，而且是直接故意。行为人明确知道自己的行为会发生某种结果，仍希望这种结果发生。注意，这里的"引诱"在司法实务中是有争议的。因为"引诱"是一种字义上，可左可右的词。你认为是引诱，我则认为是一种人与人之间正常的沟通。例如，我们在办理江西萍乡地区"云数贸""五行币"祝某某等6人涉嫌组织、领导传销活动刑事案件时，公诉人指控被告人刘某某在江西萍乡地区实施的就是发展他人，引诱他人加入"中国国际建业联盟"，要求他人继续发展其他人参加，"打造中国人自己的互联网"、大众创业、万众创新等唆使行为。被告人则辩解没有引诱他人参加，只是双方在酒店客房中的一般性口头交流、口口相传、传递信息而已，这是一个作为"会说话的"动物最基本的生理动作。人不可能不说话，难道人与人之间只要认识，传递了信息也叫引诱他人吗？还有在微信群发的一些文章，这也是引诱他人参加吗？因此，"引诱"是一个有争议的词。角度不同，得出的结果不一样。

至于"胁迫"，那就更具有非常明确的主观意愿了。这种情形下，行为人主观意愿非常强烈，通过威胁、强迫等方式迫使他人继续发展其他人参加。这种行为表现更为直接，行为人迫使对方进行某种行为达到某种结果，表现为主观直接故意。

还有一种情况，叫作"放任结果"的发生。参与人员加入传销组织后，将自己的名字挂在组织上，自己实际从事着其他与传销组织无关的事务，但是继续从传销组织获取报酬或者返利的，其名下的层级和人数上，应该计算到其发展的层级和人数上。那么，参与传销人员形式上脱离了传销组织，实质上仍然从原组织获取报酬或者返利，仍应承担责任。因此，从这些方面来看属于主观意识形态中放任某种结果发生的意识类型。

## 二、组织、领导传销活动罪的"客观归责"

《办理组织领导传销活动刑事案件的意见》第 3 条关于"骗取财物"的认定问题:"传销活动的组织者、领导者采取编造、歪曲国家政策,虚构、夸大经营、投资、服务项目及盈利前景,掩饰计酬、返利真实来源或者其他欺诈手段,实施刑法第 224 条之一规定的行为,从参与传销活动人员缴纳的费用或者购买商品、服务的费用中非法获利的,应当认定为骗取财物。参与传销活动人员是否认为被骗,不影响骗取财物的认定。"笔者把它理解为"客观归责"说,即参与人员的行为,应该按司法解释的规定定性为骗取财物,客观上具备骗取特征和内容,在刑法主观方面上解读为直接故意,希望某种结果发生。并且,被害人或参与人员不认同自己是被骗,也不认同自己是骗取他人,也不影响骗取的认定,也即客观上达到骗取财物的认定条件,即便行为人不承认,认为没有主观犯罪方面的故意,而法律上根据施行的客观行为认为达到认定标准,则以"客观归责"为准。

当然,"客观归责"也不否定犯罪主观方面的认定。有人认为,既然组织、领导传销活动罪是以"客观归责"为准,那么就不再考察主观犯罪意图了,不存在犯罪的主观方面了。笔者认为,这样的表述也不正确,过于绝对化了。该罪名强调"客观归责"主要是基于司法实务中很多参与传销人员痴迷不悟,无法教化和挽回,加上该罪名构成要件上,很多人一时半会儿无法清楚认识它,因此适用"客观归责"。但是,也不否认主观方面的考察元素。例如,在办理经营型组织、领导传销活动罪中,参与人员实际是有经营自己的产品,有实际销售商品,而且还是货真价实、物美价廉的,在这个过程中,工商行政管理机关也没有实际查处过该企业或组织。在经办这类案件时,犯罪嫌疑人主观恶性是明确有别于诈骗型传销活动的。诈骗类传销活动,最初就为诈骗而来，目的是非法占有他人财物，根本就没有实际付出或为经营活动做些工作，形式上有一些掩人耳目的东西，实质上则是为了骗取他人财物。从模式的顶层设计者、操纵者和资金去向的实际掌控人来看，他们的犯罪主观方面恶性较大。在司法实务中加以裁判量刑时，应参照其主观方面恶性，加以区分。

# 第二章　罪与非罪的区分

# 第二章　罪与非罪的区分

## 第一节　组织、领导传销活动罪入门资格问题

入门资格是构成组织、领导传销活动罪客观方面的重要客观要件。从入门所支付的费用中可以窥视出"拉人头"式传销和"团队计酬"经营型传销两者的差别。

### 一、概念

入门资格问题在我国《刑法》第224条组织、领导传销活动罪内容表述里面，以及《办理组织领导传销活动刑事案件的意见》第1条第1款中有所规定，条文表述为"以推销商品、提供服务等经营活动为名，要求参加者以缴纳费用或者购买商品、服务等方式获得加入资格"。

入门资格是指加入某组织，需要经过支付某种对价、支付费用或某种方式，从而得到了允可，获得可以进入某组织门槛的资格。

## 二、入门资格的理解

为什么要强调加入资格问题，笔者认为这是和劳动用工关系相比较而言的。劳动用工关系是指劳动者填写入职资料，进入到某单位上班，其与用人单位就形成雇佣关系了。在一定期满后，公司需要发放工资和劳动报酬给劳动者。

然而，传销活动中的"入门资格"，其含义和内容恰恰相反。不仅是一定期满不用支付劳动报酬给你，而是需要参与人员缴纳费用或者购买商品、服务等方式从而得到加入资格。这句话，需要联系条文前面那句话，共同理解和适用。前面是以"……名义"，也就是说推销商品、提供服务等经营活动只是名义而已，重要的是需要"缴纳"或"购买"。注意"缴纳"或"购买"这两个关键词，通俗理解就是需要支付费用。至于这个钱是多是少，可以不予重点考虑。只要你付了钱，就获得加入资格，成为会员，也就是有个名号了。因此，入门资格强调的是参与人员进入组织所支付的费用。

## 三、入门资格和传销活动的本质是相对应的

笔者认为，之所以条文这样表述"入门资格"的内容是和传销的本质特征相适应的。因为，传销内在的实质就是一种经济诈骗活动，就是骗取参与人员的钱财。这种骗取的特征和集资诈骗罪具有很多相似之处，它们的本质就是骗。因此《办理组织领导传销活动刑事案件的意见》第6条"关于罪名的适用问题"规定，"以非法占有为目的，组织、领导传销活动，同时构成集资诈骗罪的，依照处罚较重的规定定罪处罚"。说明这两个罪名的内在实质就是骗取财物。组织、领导传销活动主要的获利、非法敛财来源于不断发展的人员数量以及会员获得加入

资格所支付的财物,从此来实现诈骗目的。会员在获得资格的同时也体现了传销组织骗取财物的本质。

至于,传销活动具体以什么名义要求支付费用的,在司法实务中可谓五花八门、各种各样都有,如以推销商品、购买产品、提供相应服务、购买股东资格等经营活动为名义。但其核心问题是支付费用,就能获得加入资格。

### 四、从入门资格费用窥视"拉人头"传销和"团队计酬"的区别

从入门资格缴纳费用的多少和高低也可在一定程度窥视"拉人头"传销和"团队计酬"的区别。

拉人头传销是组织、领导传销活动罪最直接的传销方式,其要求会员直接缴纳一笔费用,就可获得加入资格,没有实际有形的产品。例如,前几年在广西北海地区存在个别炒作"资本运作"的项目。❶ 这些炒作项目的团队以"资本运作"为名目,打造广西北部湾、搭建"一带一路"基础设施资本项目。这种项目的运作是无具体有形产品的,炒作的是一种概念、一种无形的东西。又如,笔者在 2016~2018 年间,同团队成员一同处理的"云数贸""五行币"涉嫌组织、领导传销活动罪案件,炒作的也是一种概念。"云数贸"以"打造民族互联网、让人人作为股东"的口号,运作的是一种概念或称之为虚拟的网络或是资源,而没有具体有形的产品。

"团队计酬"是以销售商品为主,存在具体有形、可以衡量、上市交易的商品,是一种实际有经营、有销售活动的传销方式。以销售商品

---

❶ 参见:2018 年 11 月 16 日,北海市海城区人民法院、合浦县人民法院、银海区人民法院、铁山港区人民法院分别一审公开宣判"2.17"组织、领导传销活动系列专案,以犯组织、领导传销活动罪,分别判处被告人魏某、王某芳、李某国、张某江、梁某珠、计某等为首的 165 名传销"老总"有期徒刑 1~7 年不等,并处罚金人民币 20 万~210 万元不等,https://baijiahao.baidu.com/s?id=1617302133848070539&wfr=spider&for=pc〔2019-03-21〕。

为目的、以销售商品的业绩作为计酬依据的单纯的"团队计酬"活动，根据《办理组织领导传销活动刑事案件的意见》第5条第2款规定，属于传销活动，但是不被认为构成组织、领导传销活动罪，属于行政法调整和约束范围，尚不能算是犯罪。例如，笔者在2012~2014年，处理的中国香港"亮某思"产品在内地多地区涉嫌组织、领导传销活动罪一案，该案件比较典型的特征就是组织者、领导者都组织和安排了参与人员到香港地区"亮某思"公司总部进行考察，现场查看和挑选了公司总部进行销售的各类商品。之后，在参与活动中，加入人员均向组织者购买实际的商品，公司总部和组织者实际上也销售给了新加入人员有形的商品。这些商品是有价值和可以使用、可以到市场上交易的，而不是虚拟的或无形的。那么，这就是有销售商品存在的"团队计酬"活动，参与人员加入所支付的费用是以购买商品或接受服务为名义进行的。

因此，什么是"拉人头"传销、什么是"团队计酬"式传销，单单从入门资格上，可以在一定程度上窥视两者的区别。

（1）从缴纳入门费上看，多层级计酬的销售人员在获取从业资格证时没有被要求交纳高额入门费，或者其交纳费用是为了销售商品或提供服务，是有真实名义的，也是真实交易的。而拉人头传销需要直接交纳高额入门费，或者购买与高额入门费等价的"道具商品"，并且商品只是形式而已，实质上还是交纳费用，否则不能得到入门资格。

（2）从经营对象看，多层级计酬是以销售产品为导向、目的，商品定价基本合理，而且还有退货保障机制，同时参与人员本身自己不断的购货、自己累计消费。而拉人头传销根本没有产品销售，或者有产品销售也只是以价格与价值严重背离的"道具商品"为幌子，且不许退货。参与人员自己通常只是消费一次，不重复消费，主要是以发展"下线"人数为目的。

（3）从人员的收入来源上，多层级计酬主要根据从业人员的销售业绩来计算收入,而拉人头传销主要根据发展的"下线"人数多少和新成员缴纳的入门费用计算收入。

(4)从组织存在和长远维系条件看,多层级团队计酬公司的生存与发展取决于产品销售业绩和利润;而拉人头传销组织则直接取决于是否有新会员以一定倍率不断加入。前者可以长远维系,永久生存下去,符合市场经济发展规律;后者不能长远维系,终会破产或倒闭,演变成一场集资诈骗的活动。

### 五、入门资格上刑事风险防控

组织、领导传销活动罪的犯罪的构成是从入门资格开始的,这是首要要件,也是构成犯罪的核心要件。那么,在经济活动中,我们如何来有效防控该罪,从而防范和化解其步入到刑事犯罪活动之中呢?针对市场经济活动中出现的一些从事销售领域促销活动的企业或网络电商平台,如何从参与会员支付费用方面进行有效的刑事风险防控、企业刑事合规?如何防止跌入到组织、领导传销活动罪中的"入门资格"问题呢?在这里,笔者谈谈自己的一些看法。

(一)无风险区:不要有缴纳费用作为加入资格

如前所述,组织、领导传销活动罪的入门资格是要求加入者缴纳一定的费用,至于费用的多少、高低则不论,或者要求购买商品、服务等方式获得加入资格,总之就是要交钱。那么,在实务防控中,只要加入者不交纳费用,那么就可以有效避免滑入刑事风险中去。

(二)纠正风险区:缴纳费用和销售产品并存

有需要缴纳入门费,如购买等价商品的金额、交纳合作保证金等方式,一定要和销售商品并存。如果不是同时并存的,笔者认为那是纯粹的传销活动。当两者并存时，要将入门费的比例降到产品销售金额以下，最简易的方式就是与产品的价格和价值相当，一定不要超过产品应有的价值。当超过时，运营管理层应引导往不超过方向走，从而有效纠正过来。

笔者需要提醒企业的是，采取此种销售方式，也就是"团队计酬"型活动，如果对参与人员以层级和人数关系作为计酬依据的话，仍可能涉嫌传销。只不过，这里的传销是受行政法约束和处罚意义上的传销。当然，有的人也把它理解为直销，其实不是一回事，直销和"团队计酬"是不同的。根据国家有关直销的规定，直销是需要领取国家直销牌照的，依据《直销管理条例》进行经营活动，只允许一层级的计酬关系。直销员只能从自己的销售产品业绩中获得报酬，不能从介绍或招入的其他人员销售业绩中获取报酬。

没有实际领取牌照，又采取了"团队计酬"这种营销方式如何才能不被追究刑事责任呢？一是商品价格和价值要大体相符；二是要有账目记录，肉眼可以见，尤其是公司产品的进货单和实际销售货物价格单，这些都是证据，可以存档备查；三是建议申请会计师事务所对公司成本和收入运营情况进行审计，重点是审计产品的价格和价值相符、没有虚高，没有形式上的商品，销售货真价实的货物；四是公司因此获得的利润用于新产品的开发、设计、创新，用在让公司长久维持、持续具有生命力、持久经营上了。

总之，入门资格是构成组织、领导传销活动罪客观方面重要的客观要件内容，在一定程度上可以窥视"拉人头"式传销和"团队计酬"的区别。以其为切入点可以厘清和有效分辨企业的经营、运行模式是否触犯到了传销活动刑事风险雷区，从而为企业运营决策有效地作出预防和对刑事风险的防范。

## 第二节　组织、领导传销活动罪计酬或返利计算依据问题

组织、领导传销活动罪由诸多构成要件组成，其中，计酬或返利依据是否建立在人员数量增加之上是诸多构成要件中最核心的构成要件。传销活动中，计酬依据人员数量的"井喷"则意味着传销组织财富的"井喷"式积累。

### 一、概述

组织、领导传销活动罪是个复杂罪名，之所以说其复杂，是因为该罪侵犯多重客体，在侵犯客体的客观方面表现复杂。在构成要件上，有主体组成层级、发展人员数量问题，有构成要件计酬或返利依据问题，有传销之组织、领导者界定，有骗取财物之定性和与团队计酬之区分等问题。正因如此，《办理组织领导传销活动刑事案件的意见》用7个条文，以问题的形式与《刑法》条文内容对应，对该罪名构成要件上分别作了解释。

但是，只要认定该罪，就离不开计酬或返利是建立在发展人员数量还是销售业绩上。组织、领导传销活动罪客观方面核心构成要件就要求计酬或返利是建立在发展人员数量上。以"团队计酬"形式的传销活动或者直销，计酬或返利则是建立在产品销售业绩上。这是组织、领导传销活动罪和直销、团队计酬最主要的区别。"团队计酬"是传销的类型之一，是传销的初级形态，但是尚未到犯罪程度，是属于《禁止传销条例》调整的范围，不属于犯罪。

因此，笔者认为，对于组织、领导传销活动罪案件的全案定性还是对"案辩"上均绕不开计酬或返利之计算依据问题。

## 二、计酬或返利依据问题

从近几年案发和全国各地公安机关侦破的案件来看，组织、领导传销活动罪多是由网络概念型和产品销售型组成，也就是通常说的"诈骗型"传销和"经营型"传销。当然，近几年来，这两种类型有趋向于"黏合"之势，也即这两种类型趋向于"合一"状态，让人很难实际作出拆分。这是市场经济商业模式不断发展的结果。例如，"云数贸"涉嫌传销活动的运营模式就是以网络运营为主，基本没有产品销售；"云某某"消费返利电子商务平台也是新型网络运营模式，其通过召集有产品销售的卖方和作为消费者的买方到线上、到"云某某"的平台上进行买卖，从而实现让卖方让利16%的。因此，这些平台均呈现出既有网络运营空间存在，里面又包含了产品的销售，两者趋向"合一"状态。如果，我们不加以仔细分辨并厘清内在关系，是很难对诈骗和经营两者作出拆分的。但是，无论什么样的经营模式，其内在参与人员之间形成的计酬或返利关系是什么、计酬或返利的依据来源于什么，是我们需要审查的重点。

### （一）计酬或返利本身没有错

计酬，就是计算报酬，给劳动者薪水、资酬。只要参加了社会劳动，就应该获得报酬，这是符合市场经济规律和按劳分配价值观。人之劳动，计算报酬，理所当然、天经地义。返利，就是指因劳动付出而得到的返回利益。在这里表现为参与人员销售产品后，组织上给予的回扣或奖励。返利可以有多种解释，在经济活动中，有因自己的付出得到对方肯定，给到的返回利益或回扣；在用工关系上，有因取得成绩得到组织上的奖励。这种奖励方式，可以是直接的货币，也可以是公司股权或者是公司内部流通的电子虚拟货币。无论怎样，计酬和返利是市场经济等价交换和按劳分配的产物，本身是没有错的。

（二）计酬或返利的计算依据才是重点

计酬或返利的来源，其计算的依据才是重点。传销活动人员缴纳费用或购买商品、接受服务支付费用获得加入资格，加入组织后，他的报酬从哪里来，这是传销活动最核心的问题。传销人员是通过发展后面人员加入，从加入者继续缴纳费用或购买商品、服务支付费用中获得报酬或返利。然而，计酬或返利计算依据问题，是极其隐蔽的，甚至常人根本无法识别和判断。我们知道，组织、领导传销活动罪在《刑法》第224条合同诈骗罪后，作为之一补充条款，是我国《刑法修正案（七）》新增设罪名。

我国刑法之所以将该罪名置放于合同诈骗罪之后，就是考虑到组织、领导传销活动罪的最终诈骗属性，与合同诈骗罪有相似之处。合同诈骗罪的骗取属性已经是非常隐蔽的了，是在合同签订和履行中包含了"骗"的行为。然而，组织、领导传销活动罪的骗取行为更加隐蔽，不仅是让人无法识别和判断，甚至，还让人紧紧跟随，不觉得是骗取，而是带队和引领参与人员做一个"惊天动地"的大事业。之所以这样，就是因为他们对于该罪名内在的计酬或返利依据来源问题基本上是不清楚或是模糊的。因此，我们说组织领导传销活动罪核心构罪要件——计酬或者返利依据来源问题是何等的重要。

### 三、关于计算依据之人员数量和销售业绩问题

计酬或返利的依据肯定有来源，不可能无缘无故的出现。例如，2018年的"云某某"一案中，"云某某"以积分形式返利给消费者和商

家,这些积分来源于哪里?是来源于销售商品的业绩,还是来源于新增加人员所支付的费用,是案件关注的重点。

### (一) 人员数量的增加

我们知道,传销的本质就是堆积人头,并按人头数量计算报酬和返利,越堆越多,金字塔形态。靠人与人之间的口口相传,增加数量和业绩,又省了仓储费用、门店费用和人力、物力与广告费用等。这种经营模式,创造了营销历史奇迹,迅速完成原始积累,成为很多国家予以认可的商业模式。但是,大家不能忍受的是该模式最终目的是骗取钱财、非法敛财。表面合法,掩盖着诈骗的本质。后来,一些国家纷纷立法,对传销予以规制。但是,在立法时,也不敢写得太死,将里面正当直销、"团队计酬"予以扼杀,还是保留了直销和"团队计酬"积极、进步的销售模式。我们国家的立法,也是如此。

组织、领导传销活动的顶层设计人员、制度设置者和实际操控者,是通过这样的框架模式发展一批人加入,从而朝着组织的奋斗目标前进。但是,后面加入进来的,要通过发展下线人员来增大自己的返利和收入。可以说,发展下线人员的数量,成为后面加入人员的动力和目标所在,也是组织迅速扩大的真正原因。因此,组织、领导传销活动罪是以人员的数量作为构罪之计酬或返利依据。

### (二) 销售产品的业绩

组织、领导传销活动罪立法的原意就是打击借营销之名行诈骗之实的传销行为。对于那些存在集资诈骗之实非法敛财,最后根本不可能兑现的传销行为,应予以取缔。但是,如果将单纯的销售商品为目的"团队计酬"行为犯罪化处理,也予以取缔的话,那么就否定了真正营销商品进步和积极的一面。这样一概否定的方式,很多时候是违背"投入和产出"之市场经济运行规律的。而目前,这种商业模式有一定的进步意义,有其存在的外围环境和市场土壤。可以说,在深圳、广州、上海等沿海开放发达城市,到处都是。

对于单纯以销售商品为目的的"团队计酬"模式,节省出来的门店、仓储、广告等运营费用用于产品的研发和创新,这难道不是有利于产品的研发、行业的发展和社会生产能力的提高吗?因此,我国的立法上,也没有将其一棒子打死,而是将其区别对待。

**四、计酬或返利刑事风险防控(以"云某某"案为例)**

2018年"云某某"案发,当时很多家媒体争先恐后对该案件进行报道,很多律师也写文评述"云某某"涉组织、领导传销活动罪之司法实务处理问题。笔者2016年担任"云数贸""五行币"在江西萍乡地区涉嫌组织、领导传销活动罪的律师,也是"云数贸""五行币"第二季度新抓获人员案件与辩护的律师。当时,对于"云某某"案,也写过文章分析里面的一些疑点和总结刑事风险防控经验。

2018年5月8日,广州市公安局发布通告:"云某某"公司黄某等人涉嫌组织、领导传销活动犯罪已被我局立案侦查,为依法维护社会主义市场经济秩序,通告参与犯罪的人员在2018年5月15日前主动向公安机关投案,会员在公告之日起60日内,携带身份证明、会员注册证明、合同、会员交易流水账户和存款凭证,向公安机会反映情况。之后,网上有信息报导"云某某"案涉案交易额3300亿元,涉及会员8000多万人,300多亿的资金池,日返20多亿元。5月13日,广州宋某某律师作为黄某侦查阶段的会见律师推送的微信文章向外透露了一些案件信息。

(一)"云某某"是"消费返利"平台

其中内容有:"云某某"为新型网络营销模式,属于消费返利

（CPS）模式，主要是推广商品、促进销售的方案，也是网络购物商城、返利模式网站。其中列举了"易购""返利网"等平台，同时列举了网易、腾讯公司等也推出了自己的返利平台等信息。"云某某"案，真实案情，目前在侦查之中。

从一些报道来看，"云某某"运营模式中存在一些关键词，这些关键词和组织、领导传销活动罪司法解释内容有些粘连之处。例如，里面关于"加入资格"问题，按"积分"向消费者和商家返利问题。这里的返利积分，来源于哪里，是否和人员数量的增加有关，还是和销售业绩有关，这些是案件事实认定和最终定性的重点，也是律师辩护审查的重点之处。

### （二）消费返利的积分来源是问题关键点

前有所述，计酬或返利计算的依据来源于发展人员数量的增加而形成的叠加，就涉嫌组织、领导传销活动罪之行为；来源于销售商品的业绩增大，就属于"团队计酬"的运营模式。

因此，"云某某"案件事实认定和最终定性属不属于组织、领导传销活动罪，审查的关键也在于此，核心在于"云某某"商城的积分，来源于哪里。靠人员增加来累加积分的增高，还是靠销售商品的业绩；怎么来实现盈利的。

### （三）刑事风险防控

刑法所规制的组织、领导传销活动罪，是将计酬或返利依据建立在发展人员的数量上，而并非在销售的产品业绩上。

（1）事先应合规避免偏离。就"云某某"案在经营过程中而言，公司高层管理部门可以聘请专业的、具有刑事辩护实务经验、刑事风控的律师，通过引导企业运营，避免出现"偏离"，从而进行有效刑事风险防控；或者由监管部门提出监管意见，亮出警示牌，促使该企业往正常销售商品业绩上来。

这里,笔者不得不提到,任何一种商业模式都会有依赖于人员数量的增加。作为一种商业模式,如果没有自己的消费群体或会员,模式不能维持,就会有走向倒闭的风险。因此,作为一家企业或一种模式,没有自己的粉丝和消费群体就能实现企业营业收益的增长和企业体量的增大是不可能的。那么,如何才能既有自己的消费群体、圈到自己的粉丝,又不会让计酬或返利依据建立在人员数量增加之上呢?这是个系统工作了。前面,笔者有提到过传销犯罪是靠多个要件来完成定罪的有机统一的整体,而不是单单靠一个要件、一项元素,就能够以偏概全、统领全罪。因此,我们考量计酬或返利依据是否建立人员数量增加上时,在"建立在"上下功夫,缩小人员数量增加所带来业绩的幅度,通过单个产品的价值,以及提高单个产品的价值含金量来达到增大整个模式的业绩。如此,使得计酬或返利依据不过度依赖人员数量的增加上。虽然,在一定程度上也存在人员数量增加情况,但这不是主要的,也不是目的和结果,而销售实实在在、货真价实、物美价廉、物有所值的商品,才是真正的目的和结果。

(2)商品价格和价值不要背离。"云某某"属于电子商务平台,借助于网络的力量,通过智能化开发、运用积分的结算工具,在网络空间中销售商品和消费返利。"云某某"平台,让注册到平台中来的一端作为消费者,让缴纳一定费用的另一端作为销售商家,从而让买、卖双方在线上和线下实现交易。"云某某"实际上也有着销售商品的功能,服务于实体经济,具有商品销售、货真价实的一面。在销售商品时,"云某某"称之为"消费返利",即买方再介绍其他人注册会员、加入平台再消费,与前面介绍人呈现出一定的计酬关系,当然计酬的比例数额不多,是以"积分"形式予以记录下来,当这个积分达到一定数量时可以转换成红积分,从而兑换成现金或在平台上再行消费。

"云某某"完全可以在网络上在卖方销售商品、买方消费时,注意到刑事风险防控。例如，着重审查人员数量的增加和销售商品的价值哪一方比重大、商品是否成为道具、商品的价格是否和价值背离、网络平台是否助力商品销售服务，则积分计算形成计酬连接时，给的比例相应较低，而且在层级和人数关系上，通过二级"融断"形式，只计算二级，超过二级即切断，不再计算等方式，达到有效的刑事风险防控，避免走向组织、领导传销活动罪之路。

总之，计酬或返利依据来源问题是组织、领导传销活动罪重要考察内容，也是核心要件内容，对于构成该罪客观方面起着决定性因素，也对罪与非罪起着关键性作用。通过考察和分析，可以有效地研究市场经济中某种商业模式下计酬或返利依据来源问题，从而为企业销售领域存在的刑事风险做好防控工作。

## 第三节　组织、领导传销活动罪有关层级和人数问题

层级和人数问题是组织、领导传销活动罪构成犯罪客观方面的重要内容之一，也是传销活动发展人员的特征、数量上的体现。根据《办理组织领导传销活动刑事案件的意见》第 1 条的规定，"三层级及三十人"，是组织、领导传销活动要求参加者以缴纳费用或者购买商品、服务等方式获得加入资格，并按照一定的顺序组成层级，直接或间接发展人员对于构成犯罪数量上的要求。

### 一、"三级及三十人"概述和理解

"三级及三十人"，物理描述就是金字塔形状、"裙带"形状，因此

有的人称之为呈现"金字塔"状、"裙带"状。需注意的是，这里层级及人数，是"及"，而不是"或"，也就是说需要同时具备。例如，有的公司在计算到第二级时，及时"融断"了，切断不计算了，那么，就达不到三级；有的公司，将人员计算到29人时切断，不再计算计酬或返利，也就达不到30人。这就是参与人员数量上构成犯罪的立案条件和要求。

对于"三个层级及三十人"问题，实践中有多种不同的理解。

一种观点是人数构成说。只要传销组织的涉案人数达到30人以上，在具备担任领导职务、三个层级的基础上，就可以对组织领导者以组织、领导传销活动罪认定。

另一种观点是需要区分控制说。认为只有与犯罪嫌疑人有直接或间接关系（换言之，是犯罪嫌疑人直接或间接的下线，或者能够指控犯罪嫌疑人对其实施了组织、领导行为）的传销人员达到30人以上，才可以认定涉案人数达到了法律要求。

更多人认同第二种观点。首先，本罪打击的是正犯，是传销活动的组织者、领导者。对一般参与传销的人员而言，其往往是受害者，不应列入打击范围。如果刑事打击的界限不清晰，打击面过广、幅度太大，刑事追责就起不到很好的法律效果和社会效果。其次，如果下线传销人员达到30人及层级在三级以上，但是，依照《办理组织领导传销活动刑事案件的意见》第2条"五种情形才被认定为传销活动的组织者、领导者"规定，因其不是传销活动的组织者、领导者，也不应当认定构成犯罪。

## 二、司法实务中取证和辩护问题

目前，"三级及三十人"取证是侦查部门的难点，也是律师界刑事案件辩护的热点。

## (一) 是否一对一调查取证

对于"三级及三十人",司法实务中确实存在一定程度的取证困难。例如,有的公司层级和人数只在公司高层领导上的内部资料才有记载,对于下面参加人员一般只是零零点点、个人的记载,或者存在于参与人员自己的笔记本里面。由于字迹不清或潦草,侦查人员取证非常困难。然而,刑事追诉案件涉及人的自由权利,需要认真对待,否则就成了律师对案件的重要辩护要点。因此,调查取证问题一直是传销犯罪案件中的重点问题。

一方面,有的公司有网络图,可以查看顶层传销活动的发起、策划、操纵者对于层级网络设置和记录情况。例如,有的公司自己开发了软件,在软件中存在层级和人数关系的网络图,只要技术人员从后台进入系统,就可以一目了然地了解层级和人数。但是,司法实务中,也有网络图还没等侦查部门进入取证就已关闭了。这个时候侦查人员如何取证?笔者办理的"湖某某"公司在东莞市地区涉嫌的经营型传销活动案件,当侦查人员将东莞地区办公室电脑查封、扣押,安排技术人员进入系统里面调取数据时,由于数据总机不在东莞市,技术数据就不在了。这时有两种方式可以处理:一是侦查人员可以安排技术人员恢复数据;二是当数据不能恢复时,可通过传销活动参与人员的书面记录和犯罪嫌疑人、被害人、证人笔录来综合认定。

另一方面,看笔记本记录。当网络系统没有记录或者取证不到时,侦查人员可以结合笔记本记录内容查实。笔记本记录往往是零散的、不完整,侦查人员会根据多人的笔记本,以及犯罪嫌疑人供述来一同作出统计。这里也存在取证程度问题,实践中,没有严格遵循刑事诉讼法的规定,侦查人员没有当着犯罪嫌疑人的面提取或下载里面的记录,而是自己摘抄,再打印到另外的 A4 纸上,再找犯罪嫌疑人签字和捺手印。其实,这种做法是错误的,很容易导致犯罪嫌疑人翻供,因为没有当着犯罪嫌疑人的面提取和转载，他可以说里面内容不真实，或者是侦查人员作了篡改。

(二) 不能取证问题的处理

《办理组织领导传销活动刑事案件的意见》第1条最后1款规定：办理组织、领导传销活动刑事案件中，确因客观条件的限制无法逐一收集参与传销活动人员的言词证据的，可以结合依法收集并查证属实的缴纳、支付费用及计酬、返利记录，视听资料，传销人员关系图，银行账户交易记录，互联网电子数据，鉴定意见等证据，综合认定参与传销的人数、层级数等犯罪事实。

是前面笔者提到的在网络上下载不到直接、一目了然的网络图，可通过一些零散的笔记本记录，结合犯罪嫌疑人本人供述和账户交易记录、鉴定意见等证据，综合作出认定。这实质上是给侦查部门提供另一种思路，当确因侦查工作无法提取到层级和人数问题，也可以适用这一条款。对此，笔者是持反对意见。因为此举降低了案件有效证明的门槛，也为案件模棱两可留下了审判认定的空间，与法治建设大方向发展不符。

### 三、"杀熟"的处理问题

"杀熟"即是虚报人数，是指传销人员在发展下线人员时，自己包揽了缴纳费用或者购买商品、服务数量，实际没有发展下线人员。例如，有的传销人员为了做大业绩，自己掏钱以亲戚、朋友的名义购买了商品，但实际上这些亲戚、朋友都不知道是怎么回事。对于"杀熟"，一旦犯罪嫌疑人或被告人提出此问题，辩护人应以此为辩护要点，《刑事诉讼法》第53条的规定，证据应当确实、充分，司法解释规定，应当服从于法律规定，刑事诉讼法的效力明显要大过司法解释。因此，律师可以此为辩护要点，要求司法机关对于发展的下线人员不能作认定。例如，笔者在办理"云数贸""五行币"在江西萍乡地区涉嫌组织、领导传销活动案件时，法庭上就提出了"杀熟"这样的有力辩护要点，最后我们的辩护意见均被人民法院采纳。案件移送到人民法院的三位被告人，全部被法院判决缓刑。

### 四、进行刑事风险防控——"融断"的问题

对于"三级及三十人"进行有效刑事风险防控，笔者认为，可以通过"融断"机制有效切断，进行刑事风险防控。这也是对于计酬或返利依据只计算到一定数额，超过一定数量不再计算防控刑事风险方式。

企业在经营运营中，发展和计入下线人员当到第二级时及时"融断"，不再计算，而以另外的形式计数。这也是商业运营市场中称为"两级分销"的模式。那么，这样就达不到计酬或返利依据的三级。还有，当下线人数计算到29人时，及时切断，不再计算后续人员的计酬或与返利挂钩，也就达不到30人了。这也是一种及时"融断"机制。这里，笔者需要说明的一点是，虽然层级及人数未达到组织、领导传销活动罪构罪要件内容，但是这种计酬或返利依据形式也构成了普通传销活动，根据《国务院禁止传销条例》的规定，仍然是可以对企业和运行模式进行行政处罚。

## 第四节　组织、领导传销活动罪中组织、领导者问题

传销活动犯罪中有关组织、领导者的研究，实则是考究该罪名适用犯罪主体范围问题。传销活动犯罪在参与主体上，人数众多，根据刑法和司法解释规定，只有组织、领导者才被追究刑事责任，其余参加人员未达到法定组织、领导者条件和进入范围，不被追究刑事责任。

### 一、概念和特征

"组织"，在不同的环境和空间领域，有不同的解释。通常概念是指，人们为实现一定的目标，相互协作结合而成的集体、团队或系统，它是社会的重要组成部分，是社会和经济领域的基本单元。在组织、领导传销活动罪中，对于组织的理解，更多体现在动词意义上。笔者认为可以是指按一定的目标导向和精心设计的结构与框架，有意识指控、协调、安排和编织，让团体一同达到目标的系统活动。"领导"是指，在一定条件下指引和影响个人或组织，实现某种目标的行动过程。其中，把实施指引和影响的人称为领导者，把接受指引和影响的人称为被领导者，一定的条件是指所处的环境因素。

组织、领导者，笔者认为就是按前面表述内容，其组织内部参与传销活动人员在30人以上且层级达到三级以上，应当承担刑事责任人员的总称。

组织、领导传销活动罪的组织、领导者，大致具有如下特征：①其组织内部参与传销活动人员在30人以上且层级在三级以上；②引诱、

胁迫参加者继续发展他人参加，骗取财物的人员；③按《办理组织领导传销活动刑事案件的意见》第2条第1款规定五种情形已经具备，可以认定的人员。

## 二、对组织、领导者的理解

组织、领导传销活动罪中的组织、领导者，在《刑法》第224条之一条款后半部分有规定。但是，刑法条文表述的只是概括性的规定，具体实施细则则是由司法解释作出完善。根据《办理组织领导传销活动刑事案件的意见》第2条的规定："下列人员可以认定为传销活动的组织者、领导者：

"（一）在传销活动中起发起、策划、操纵作用的人员；

"（二）在传销活动中承担管理、协调等职责的人员；

"（三）在传销活动中承担宣传、培训等职责的人员；

"（四）曾因组织、领导传销活动受过刑事处罚，或者一年以内因组织、领导传销活动受过行政处罚，又直接或者间接发展参与传销活动人员在15人以上且层级在三级以上的人员；

"（五）其他对传销活动的实施、传销组织的建立、扩大等起关键作用的人员。"

以单位名义实施组织、领导传销活动犯罪的，对于受单位指派，仅从事劳务性工作的人员，一般不予追究刑事责任。

《办理组织领导传销活动刑事案件的意见》以列举形式，对什么情况可以认定为传销活动的组织、领导者一一列明。笔者认为，有必要逐条进行深入分析、研究和厘清。此条文中，发起、策划、操纵，即是传销活动中的发起人员、策划实施和运营，或实际操纵者。注意，后面没有"等"字，而下面的其他条款均带了"等"字。也就表明，对于第（一）项就是指传销活动的实际掌控者、最高领导者、组织的核心者、资金去向的掌握人，只有这样的人员，才具备传销活动实际作为运营模式或框架之发起人、策划人或操纵人。因此，这一条，指的是整个传销组织最高层人员。

至于其余几次，第（二）项指明的是管理、协调等职责人员；第（三）项是宣传、培训等职责人员；第（四）项是"曾经"条款，指的是曾经受过处罚，人数减半具备之规定；第（五）项是指其他对传销活动的实施、传销组织的建立、扩大起关键作用的人员。注意，这里面有"职责"字样，表明带有一定职务性质，也就是由他人任命而来。

第二款中"以单位名义实施组织、领导传销活动犯罪的，对于受单位指派，仅从事劳务性工作的人员"这类人员，通常都是给公司打杂的，传销活动发展下线人员与他们无关，他们就是打一份工拿一份薪水，如公司前台、保安、记录员、财务、出纳等。他们实际上和传销活动组织的扩大没有关联关系，对这类人员，不予追究刑事责任。

### 三、组织、领导者主、从犯之区分问题

很多人认为，传销犯罪不区分主、从犯，包括一些法院的判决，在判决书中也没有对组织、领导传销活动罪被告人有效地进行主、从犯认定。

#### （一）主、从犯区分之必要

对于是否应当区分主、从犯，根据《刑法》第26条、第27条相关规定，在组织、领导犯罪集团或者在共同犯罪中，根据各被告人在共同犯罪中所处的地位和所起的作用，区分主、从犯定性和量刑问题。笔者认为对于传销活动犯罪，属于刑法分则之罪名，应当贯彻执行刑法总则的规定，区分组织、领导传销活动罪的主、从犯认定。根据《刑法》第27条第5款规定，如果被告人互相推卸罪责，其他证据又不能确定

他们地位和作用大小的，应认定他们在共同犯罪中起同等作用，可以不区分主、从犯。因此，笔者认为在共同犯罪中有必要区分主、从犯，传销犯罪也不例外。如果是因为证据无法证明被告人在其中的地位和作用，可以不作区分，但这属于例外。例如，笔者2015~2017年与团队共同办理的多宗"云数贸""五行币"案件中，人民法院的判决书均对被告人作了主、从犯区分，我们的辩护的被告人均以《办理组织领导传销活动刑事案件的意见》第2条第1款第（五）项"对传销组织的扩大起关键作用"为依据，被认定为从犯判处了缓刑。

(二) 主、从犯区分实务

组织、领导传销活动罪属于犯罪集团或者共同犯罪中的一种类型，应当区分主犯、从犯。确因客观原因无法区分的，另当别论。那么，如何区分主、从犯呢？《刑法》和《办理组织领导传销活动刑事案件的意见》关于组织、领导传销活动罪的相关规定，字里行间，还是给到了实务区分的依据。

1. 传销活动中的实际掌控者

掌控者，就是对于组织能够实际掌握和控制的人。这样的人会是谁呢？当然是公司最高层领导，通俗点就是指"老板"，他是实际拥有和领导、控制住企业的人。按照司法解释《办理组织领导传销活动刑事案件的意见》第2条第1款第（一）项的规定，就是在传销活动中起"发起""策划""操纵"作用的人员。

这种人往往就是传销活动模式或平台最初的提出者、发起人和策划者，运营过程中的实际操纵者。这种人，拥有平台所有权，包括网络设计和开发、网上电子虚拟货币使用、线下层级和人数把控，这些都与其息息相关。从计酬或返利上讲，他是传销活动最大受益者、最顶层核心人士，并且是对传销资金去向实际掌控的人。他们的权力具有排他性，后面的参与者即便做到很高级别，但是也进入不到顶级核心层。

根据《刑法》第 26 条、第 27 条关于在组织、领导犯罪集团或者在共同犯罪中所处的地位和所起的作用不同，区分主、从犯定性和量刑问题的规定，笔者认为这种传销活动模式或平台，最初的发起、策划、操纵者，就是传销活动犯罪的主犯。

2. 传销活动中积极参加者

除了前述对于传销活动模式或平台，最初的提出者、发起人和策划者，运营过程中实际操纵者之外的通常都是通过发展下线人员加入到组织活动中来的。

这类人群，有加入先后顺序，有层级高低之分。但是，他们均无法掌握公司的资金，且依靠再发展人员数量增加和所缴纳的人头费用累积，达到增大自己计酬或返利依据。也就是说通过后续发展人员的数量，实现自己的收益。

这类人，无论如何努力都无法掌控企业和组织，因为他们不是平台设计者、不是规则制定者、不是组织理念提出者，而是中间组织再发展的推动者。司法解释《办理组织领导传销活动刑事案件的意见》中第 2 条第 1 款第（二）项"管理""协调"等职责人员、第（三）项"宣传""培训"等职责人员、第（四）项对组织的建立或扩大起关键作用的人员，这些人员，要么是中层协调岗位职责人员，要么是传销活动中对发展人员灌输观念、激发能量培训职责人员。

由于他们不能掌控公司的资金和企业命运，因此，笔者认为这类型人员，根据《刑法》前述主从犯规定，应当认定为从犯。

## 四、从"云数贸""五行币"案看主从犯区分辩护实务

2015~2017 年，"云数贸""五行币"公司江西萍乡地区涉嫌组织、领导传销活动罪案共有 6 位犯罪嫌疑人被刑事拘留，委托广东登润律师

事务所6位律师进行辩护。❶

在这个案件中，律师对于被告人被控组织、领导传销活动罪中关于组织、领导者定性问题提出质疑，由于他们是在2013年成立的"中国国际建业联盟"经营发展壮大后，经人介绍再加入到组织中来的。客观上，他们不是组织活动的实际掌控者发起和设立的，对于线上网络APP和内部虚拟货币使用等均不知晓内情，其涉案事实不符合《办理组织领导传销活动刑事案件的意见》第2条第1款第（一）（二）（三）项规定的内容。

最后，辩护律师的意见被人民法院采纳。芦溪县人民法院以移送到法院的3位被告人违反《办理组织领导传销活动刑事案件的意见》第2条第1款第（五）项内容，认为他们是对于传销组织的建立、扩大起到关键作用的人员，定性为从犯，并分别判处了缓刑。

因此，组织、领导传销活动罪中组织、领导者问题，不仅是要满足层级及人数方面问题，还需要符合司法解释《办理组织领导传销活动刑事案件的意见》第2条第1款第（五）项内容，才是组织、领导者。同时，组织、领导者又是可以区分主、从犯的。在律师辩护实务中，如果案件无罪辩护上没有太多的空间，也可以从犯罪嫌疑人或被告人在传销组织中所处的地位和角色，进行主、从犯的精准有效的辩护。

# 第五节　团队计酬的界定，与组织、领导传销活动罪之区分

团队计酬，是以销售商品为主，以销售业绩为依据计算和给付上线报酬，是传销活动的特别形态。团队计酬，在我国《刑法修正案

---

❶ "云数贸""五行币"在江西萍乡涉组织领导传销活动罪，经律师有效辩护，均获缓刑。

（七）》出台之前，曾以非法经营罪定罪和处罚。《刑法修正案（七）》出台后，刑法上单独列组织、领导传销活动罪为一项罪名，而新的传销犯罪罪名主要运用于打击和惩治诈骗型传销活动。因此，对以经营型为主的团队计酬，2013年《办理组织领导传销活动刑事案件的意见》将其剥离了出来，定性为不构成犯罪。但是，由于团队计酬在实践中很难精准把握，因此，在团队计酬后面，紧跟着规定，形式上采取"团队计酬"方式，但实质上属于"以发展人员的数量作为计酬或者返利依据"的传销活动，应当以组织、领导传销活动罪定罪处罚。这也是目前为止对于"团队计酬"比较直观和详细的规定了。

团队计酬属于行政法调整约束范畴，不被认为构成组织、领导传销活动罪。但是，团队计酬又很容易跌入到组织、领导传销活动罪，符合组织、领导传销活动罪构成要件，被以该罪定性和定罪处罚。司法实务中，这两者也常常让人难以区分，很容易混淆，不知道从哪里着手分辨。笔者在本节将对团队计酬进行详细表述，以便将其与组织领导传销活动罪进行厘清、仔细比对和有效区分。

## 一、团队计酬

团队计酬也是一种传销活动，它是以团队销售商品的业绩作为计酬依据，目的是为了销售商品，而非拉人头。

### （一）概念

有关团队计酬的概念，《办理组织领导传销活动刑事案件的意见》第5条的第1款有非常明确的规定："传销活动的组织者或者领导者通过发展人员，要求传销活动的被发展人员发展其他人员加入，形成上下线关系，并以下线的销售业绩为依据计算和给付上线报酬，牟取非法利益的，是'团队计酬'式传销活动。"

同时，司法解释在规定团队计酬概念后，紧接着对团队计酬的两种归宿类型与形式，作了区分：一种是"单纯销售目的论"传销、另一种是"实质人员数量论"传销。

（1）以销售商品为目的、以销售业绩为计酬依据的单纯的"团队计酬"式传销活动，不作为犯罪处理。这就是笔者认为的"单纯销售目的论"，也就是一些文章上称的多层次团队计酬。这里的"单纯"怎样理解呢？没有后续规定。笔者认为，首先，是以销售商品为目的；其次，以业绩为计酬依据；再次，上下线之间单纯就是计算报酬，而没有返利之说；最后，以产品价格考量符合价值论，并且从长远来看，是可以维系的，产生利润用于加大研发的投入，符合市场发展运营规律。

（2）形式上采取"团队计酬"方式，但实质上属于"以发展人员的数量作为计酬或者返利依据"的传销活动，应当以组织、领导传销活动罪定罪处罚。这是笔者认为的"实质人员数量论"，也就是一些理论文章上称的拉人头传销。

（二）特征

对于团队计酬的特征，根据司法解释规定，笔者认为有如下几点：（1）组织者或领导者通过发展人员，并且也要求被发展人员发展其他人员加入；（2）形成上下线关系；（3）以下线的销售业绩为依据计算和给付上线报酬的。注意这里，没有返利之说，只是给付报酬。（4）它是一种传销活动，是受《禁止传销条例》调整和约束的。同时，其又是载有团队计酬"单纯销售目的"传销和"实质人员数量论"传销的两种走向的载体，是一种既可不以犯罪处理又可以组织、领导传销活动罪定罪处罚的两衍生物载体，稍左即无罪，稍右即有罪。

## 二、不作为犯罪处理和以组织、领导传销活动罪定罪的理解

不作为犯罪处理团队计酬和以组织、领导传销活罪定罪，是团队计酬的两种形态，是最终的归宿，也是市场运营走向的两种类型。这两种类型，有交叉重叠相同处，也有诸多不同之处。

相同处：（1）都是通过发展人员，并且要求被发展人员发展其他人员加入；（2）都有形成上下线关系，或者说有形成30人以上且层级达到三级以上；（3）都以下线的销售业绩为依据计算和给付上线报酬。

不同之处：（1）前者以销售商品为目的，后者销售商品为形式；（2）前者单纯的以销售业绩为计酬依据，后者实质上属于"以发展人员的数量作为计酬或者返利依据"。即按此规定，销售商品和发展人员数量，两端比较其实就是谁重谁轻、谁主谁次，谁实质谁道具的问题。

近几年来，一些创新商业平台都具有销售商品、有正规的产品，有销售行为和根据销售业绩计算报酬。从外表上看，根本无法分辨出是"单纯销售目的"类型还是以组织、领导传销活动罪定罪处罚的类型。因此，有必要从细节问题上进行分辨、切入和厘清，从而作出正确的辨别。

## 三、团队计酬和组织、领导传销活动罪的区分

前有所述，团队计酬可分为不作为犯罪处理和以组织、领导传销活动罪定罪两种类型。具体而言，可以从如下几个方面进行辨别。

### （一）是否销售商品、提供服务

只有销售商品、提供服务的，才能根据《办理组织领导传销活动刑事案件的意见》第5点规定，归属于"团队计酬"式传销活动。如果，

这一点做不到,首先就否定了他是"团队计酬"形式,也就谈不上团队计酬后面两者"之说"审查了。

如果没有产品销售,则不是团队计酬、直销,那是肯定的。那么就想当然地属于组织、领导传销活动罪的传销吗?也不能一概而论,具体还是要看以发展人员的数量作为计酬或者返利依据的审查和定性问题。但是,无论怎样,由于没有产品,滑入传销活动犯罪范畴的概率会大一些。

那么,产品销售型团队计酬或称为直销活动,就一定不会涉嫌组织、领导传销活动罪吗?也不一定。也需要审查以销售业绩计酬和同时兼备以发展人员数量作为计酬或返利依据。

例如,笔者在2012年办理中国香港"亮某思"在内地涉嫌组织、领导传销犯罪多案,亮某思公司是有产品的,也有销售活动,但是在内地销售活动混同了"以发展人员数量"为主的营销模式,涉嫌组织、领导传销活动罪的犯罪活动了。因此,辩护实务中也可以根据"是否有产品",把涉嫌的传销活动划分为"有产品销售型"和"无产品销售型"两种类型,从而再更精准、深入地分析和研究销售模式是否涉嫌组织、领导传销活动罪。

### (二) 看人员的收入来源

从发展人员的收入来源上看,多层次团队计酬主要根据从业人员的销售业绩来计算收入,而拉人头传销主要取决于发展人员的下线人数和新成员缴纳的入门费算收入。这也是两种类型在计酬或返利计算在什么依据之上的本质区别。

例如,"云某某"一案。根据网络公开信息,"云某某"打造网络购物商场"返利"网站,交人民币9.9元可成为会员,交99元开网店,产品由商家提供。"云某某"在会员消费后收16%共享金,按积分逐步向消费者和商家返利。这里"云某某"返利的积分是否和人员的数量增加有密切关联、来源于哪里，是来源于商品销售业绩上，还是取决于发展人员的数量多少和新成员缴纳的会费上，是本案公安侦查部门需要查实和最终作定性的关键所在。

(三) 看产品价格与价值是否背离

对于有商品销售、提供服务的传销活动，要看商品的销售价格是否和商品自身价值符合。也就是，商品的销售价格是否明显虚高，与自身价值不符。实务中，明显虚高、溢出部分就是作为新加入人员的入门费，是用于计算报酬或返利的重要依据和来源，如一套化妆品价值200元，销售价格是1000元；一瓶洋酒原本价值500元却销售2000元。这是明显的价格与原本价值不相当、不匹配。如果，产品货真价实、物美价廉、物有所值，同时有完整的退货保障机制，那么，就需要考察是否属于以销售商品为目的、以销售业绩为计酬依据的单纯的"团队计酬"式传销活动。

(四) 看虚拟货币的包含利益

当前的传销活动都有借助于内部开发和流通使用的虚拟货币，用于上下级层级和人数的结算。例如，我们办理"云数贸""五行币"案，就有内部流通使用的电子币，在公司内部称之为"五行币"。电子币和公司开发的网上APP平台同步使用，在会员之间流通。当传销活动的人员发展其他人进入传销组织时，在网上同步生成和结算给上级的计酬或返利。

线上载体同步生成的虚拟货币，看其所包含的几部分利益，也可以分析出计酬或返利建立在什么依据之上。通常，虚拟货币包含了发展人员本人的费用、上线的费用、上线又上线的费用、产品成本费用、产品流通费用。当拉入人本人的费用、上线的费用、上线又上线的费用占据主要部分时，传销的成分就高；当只是产品的成本费用、产品流通的费用高时，说明是以销售产品业绩为主要计酬方式，直销的成分就高。

(五) 从组织存在和长远维系条件看

多层次团队计酬或直销活动的公司，其生存和发展取决于产品销售的业绩和利润；而拉人头传销组织则直接取决于是否有新会员以一定比率不断加入。前者，可以长远维系，永久生存下去，运用直销的优势省出门店、仓储、物流费用，并用于开发新的产品，符合市场经济发展规律；后者不能长远维系，当没有新会员加入，资金池断裂时，就会破产或倒闭，演变成一场集资诈骗型扰乱经济社会秩序的犯罪活动。近年来，一些组织、领导传销活动罪的行为方式和方法，有同团队计酬单纯销售目的、直销行为走向趋同之势。如果我们不加以仔细分辨、厘清边界，很难找出两者的区别。

### 四、团队计酬的发展演变

最初的传销活动是从销售商品而发展起来的。因此，对于销售商品的团队计酬，曾经被国家法律、法规所禁止，后来《刑法修正案（七）》单独将组织、领导传销活动列为一项罪名，直至《办理组织领导传销活动刑事案件的意见》出来后，才把"团队计酬"真正移出了刑法打击之列。

1998年4月18日颁布的《国务院关于禁止传销经营活动的通知》，明令禁止传销活动。最初的传销活动，就是来自商品销售，是一种经营型活动。因此，此通知是包括禁止团队计酬类型的。2001年3月29日，根据中华人民共和国《最高人民法院关于情节严重的传销或者变相传销行为如何定性问题的批复》（简称《情节严重的传销或者变相传销行为的批复》）规定，团队计酬型传销活动以非法经营罪论处。

2005年8月23日，国务院颁布了《禁止传销条例》，其中对传销活动类型的规定是:"组织者或者经营者通过发展人员,要求被发展人员发展其他人员加入,形成上下线关系,并以下线的销售业绩为依据计算和给付上线报酬,牟取非法利益的。"上述即是团队计酬类型的传销活动,是团队计酬的最初萌芽概念,按照此条件,团队计酬属于明令禁止的传销活动。

2009年2月28日,《刑法修正案(七)》出台,其在第224条后增加一条,作为第224条之一规定:"组织、领导以推销商品、提供服务等经营活动为名,要求参加者以缴纳费用或者购买商品、服务等方式获得加入资格,并按照一定顺序组成层级,直接或者间接以发展人员的数量作为计酬或者返利依据,引诱、胁迫参加者继续发展他人参加,骗取财物,扰乱经济社会秩序的传销活动的,处五年以下有期徒刑或者拘役,并处罚金;情节严重的,处五年以上有期徒刑,并处罚金。"将团队计酬传销行为排除在组织、领导传销活动罪之外。此时司法解释尚未出来,由此出现了两种意见:一种认为按《情节严重的传销或者变相传销行为的批复》意见处理,仍以非法经营罪定罪处罚;另一种意见则认为不构成犯罪。

2013年11月14日,《办理组织领导传销活动刑事案件的意见》第5条第2款的规定:"以销售商品为目的、以销售业绩为计酬依据的单纯的团队计酬式传销活动,不作为犯罪处理。"据此,团队计酬式传销活动才被移出刑法规制之列,不被认为构成犯罪。

团队计酬和组织、领导传销活动罪是当前司法实务中争论最大和最容易混淆、最为集中的焦点问题。尤其,有产品销售的经营型传销活动,究竟是团队计酬还是构成组织、领导传销活动罪问题,实务中分歧较大,民众也很难理解。而这两者的区分,其主要落脚点在产品的价格和价值是否相符,经营组织存在和长远维系上的问题。目前,我国也没有更细化一些的司法解释予以规定,也是考虑到市场的多变性。但是,笔者认为,可以尝试着由市场监督管理部门出台部门规章制定细则,试探前行,看实践效果。从而在实务中更清晰的界定和厘清两者的关系。

## 第六节 有关传销活动罪"客观骗取"及实务辩护问题

——参与传销人员是否认为被骗,不影响骗取财物之认定

组织、领导传销活动在外在形态上,是有组织、按层级严密的开展经营、投资、服务项目活动和获取项目利润,但是,其实质是掩饰了计酬或返利真实来源(从参与人员缴纳的费用或购买商品、服务中费用非法获利的)。组织、领导传销活动,骗取财物是内在实质、目的和结果。参与传销活动人员是否认为自己被骗,不影响骗取财物客观事实的认定。

### 一、骗取财物规定

根据《办理组织领导传销活动刑事案件的意见》第3条的规定,骗取财物的要素应当包括:"采取编造、歪曲国家政策,虚构、夸大经营、投资、服务项目及盈利前景,掩饰计酬、返利真实来源或者其他欺诈手段,实施刑法第二百二十四条之一规定的行为,从参与传销活动人员缴纳的费用或者购买商品、服务的费用中非法获利……参与传销活动人员是否认为被骗,不影响骗取财物的认定。"

对上述条件理解:形式上采取编造、歪曲国家政策,虚构、夸大经营、投资、服务项目及盈利前景。实质上掩饰计酬、返利真实来源或者其他欺诈手段,蒙蔽被害人;从参与传销活动人员缴纳的费用或者购买商品、服务的费用中非法获利。

司法实务中，一些传销参与人员总是认为自己没有被骗，反而认为自己是在做一件非常有意义的事情、是终身事业，没有被骗取，也没有欺骗他人。那么，根据实务状况和《办理组织领导传销活动刑事案件的意见》相关内容规定："参与传销活动人员是否认为被骗，不影响骗取财物的认定。"因此，也就不以参与人员主观意识形态"自己认为"，作为具备犯罪的构成要素。

在这一点上，笔者是认同浙江厚启律师事务所邓楚开博士在华夏公司辩护联盟微信群里"关于传销犯罪讲座"点评内容的观点，即这里所规定的"骗取财物"主要指向客观骗取，不以行为人主观故意认定。

## 二、"客观骗取"说辩护实务应用

骗取，是因为营销模式终究会破灭的原因所致。因为传销行为所设计的模式，往往都是虚构的，其行为本身不会产生或者很少产生实际价值。其核心内容在于让会员拉人头，从入会费或者加盟费中提取提成。随着时间的推移，一旦该行为发展到一定规模，人员趋于饱和，传销资金池只出不进时，该资金池随时都有崩盘的危险。犯罪嫌疑人在这时往往会携款潜逃，导致大量加入该传销活动的下线人员财物受到损失，无法收回本金，严重扰乱市场经济秩序。

### （一）辩护中如何应用"客观骗取"说

笔者认为，辩护律师应该集中精力和能量，聚焦在摧毁客观事实的认定上，也就是让推定骗取的客观行为不存在，这是辩护要点。具体来说，就是上一节提到的"团队计酬"罪与非罪之区分，计酬是建立在人员数量增加缴纳费用上还是在于销售商品业绩上，价格和价值是否相符还是背离，虚拟货币包含利益部分等。因此，辩护实务中，我们不以参与人员主观认识为要点，而应以客观事实、计酬来源为辩护要点。

## (二)"客观骗取说"不等同于参与人员主观故意

"客观骗取"说是推定参与人员当自己不认为自己被骗,也不认为自己在骗取他人时,采取客观之说,以客观事实为主。这样,公安机关侦查的案件事实才是控、辩双方围绕和针对的重点,而不被犯罪嫌疑人主观认为"是否被骗"诱导。但要注意一种情形,就是"客观骗取"说不等同于参与人员主观故意,两者不能画等号。客观骗取说是一种骗取的推定。而主观故意则是对于犯罪嫌疑人是否曾经参加过组织、领导传销活动,或者曾经参与被处罚的事实记录。这样是为了判断行为人主观上是否有故意。

如果一家企业初始即"以传销为目的"设立,之后就是为了传销、骗取财物,虽然也投入了大量的精力经营企业。但是,其经营企业就是为骗取财物。企业负责人就有从事传销活动的经历,特别又是曾经受过刑事处罚或行政处罚的,显然可以判断其主观上应该是故意。并且,这种故意是双重故意:一是组织、领导传销活动的故意,二是骗取他人财物的故意。笔者认为,这正是《办理组织领导传销活动刑事案件的意见》第 2 条第(四)项规定"曾因组织、领导传销活动受过刑事处罚,或者一年内因组织、领导传销活动受过行政处罚,又直接或间接发展参与传销活动的人员数量在十五人以上"也属于组织、领导者之列。此规定就是原因所在。

## 三、骗取财物和集资诈骗罪之"骗取"的区分

组织、领导传销活动罪的"骗取"和集资诈骗罪的"骗取"存在一定区别。两者的区别主要体现在前者是客观骗取说,后者是主观骗取说。前者参与传销活动人员,即便公司破产、资金池破灭,顶层组织、领导者失踪,仍不认为自己是被骗,对组织、项目和模式非常钟情,全

身心投入其中,还形成和其他参与人员抱团之势,精神完全已被"麻醉";后者一旦虚假项目被识破、集资人失踪、钱款或利息不能兑现,参与人员即刻认识到自己被骗,参与人员甚至会主动报警,要求抓获项目集资人。前者突出客观、组织形式、运营模式的层级与叠加性质,组织者、领导者主观上占有以发展人员的数量为计酬或返利依据获取暴利的思维被掩盖,难以被识破;而后者,集资人员主观以非法占有为目的,目标明确、单一,客观以诈骗为手段,相对而言骗取行为比较简单,客观行为体现主观占有意识,容易被识破。

### 四、对"扰乱社会经济秩序"的理解

组织、领导传销活动罪表述后面部分,"骗取财物"后即是"扰乱经济社会秩序"的规定。笔者认为,骗取财物的结果是扰乱国家经济社会秩序,这是有关联性的,是有前,才有后的关系。传销行为因其涉及地区广、人员多、资金大,严重危及国家经济秩序,扰乱社会秩序。司法实务中,组织、领导传销活动罪的本质特征就是诈骗。传销资金一旦被占有,发展一线人员停止,资金池断裂,即传销活动崩盘,加入组织的资金无法收回,便会扰乱社会市场经济秩序,这和诈骗的本质是相对应的。

组织、领导传销活动罪主要突出客观事实查处,对于主观方面,当前司法实务中不太注重考察。加上犯罪嫌疑人多是有一定文化和经济基础之人,多会辩解自己没有骗取和被他人骗取,因此,采取客观骗取认定说。

# 第七节　关于传销犯罪"情节严重"认定问题

前面，主要研究的是组织、领导传销活动罪的犯罪构成要件问题。这一节，重点了解，在成立组织、领导传销活动罪基础上，有关该罪"情节严重"的问题。

我国《刑法》第 224 条规定："组织、领导以推销商品、提供服务等经营活动为名，要求参加者以缴纳费用或者购买商品、服务等方式获得加入资格，并按照一定顺序组成层级，直接或者间接以发展人员的数量作为计酬或者返利依据，引诱、胁迫参加者继续发展他人参加，骗取财物，扰乱经济社会秩序的传销活动的，处五年以下有期徒刑或者拘役，并处罚金；情节严重的，处五年以上有期徒刑，并处罚金。"根据这条规定，组织、领导传销活动罪量刑有两个档次，一个是 5 年以下有期或者拘役，另一个是 5 年以上有期徒刑，5 年为中间分界线。那么，5 年以上最高是多少呢？刑法有期徒刑的年限规定是 15 年，也就是组织、领导传销活动罪最高量刑是 15 年有期徒刑。

## 一、情节的概念和特征

情节，在百度百科上查到的是指"叙事性文学作品内容构成的要素之一，它是指叙事作品中表现人物之间相互关系的一系列生活事件的发展过程。它是由一系列展示人物性格、表现人物与人物、人物与环境之间相互关系的具体事件构成。"❶ 这是对情节概念的普遍释义。刑法上情节的概念，笔者认为是：情节是指对于犯罪构成以及案件事实能够产生影响的所有主观和客观方面的情况。也就是说情节是很广泛的，内容较多。刑法理论上对情节的分类有：法定情节与酌定情节，从轻情节与从重情节，应当情节与可以情节。在犯罪事实方面的有：共同犯罪的主犯与从犯，犯罪中止、预备、未遂，防卫过当、避险过当等。具体要根据个罪的规定和司法解释内容来确定情节问题。

## 二、关于情节严重的认定问题

《办理组织领导传销活动刑事案件的意见》第 4 条规定，关于"情节严重"的认定问题："对符合本意见第一条第一款规定的传销组织的组织者、领导者，具有下列情形之一的，应当认定为刑法第二百二十四条之一规定的'情节严重'：

"（一）组织、领导的参与传销活动人员累计达一百二十人以上的；

"（二）直接或者间接收取参与传销活动人员缴纳的传销资金数额累计达二百五十万元以上的；

"（三）曾因组织、领导传销活动受过刑事处罚，或者一年以内因组织、领导传销活动受过行政处罚，又直接或者间接发展参与传销活动人员累计达六十人以上的；

"（四）造成参与传销活动人员精神失常、自杀等严重后果的；

"（五）造成其他严重后果或者恶劣社会影响的。"

第（一）项是关于人员数量的规定，发展下线人员数量达到 120 人以上。关于这点，据笔者近几年来的观察，网络传销犯罪很容易就可以达到 120 人以上。只要销售模式好，加上信息化速度快，尤其是手机移

---

❶ 百度百科"情节"词条：https://baike.baidu.com/item/%E6%83%85%E8%8A%82/10204032?fr=aladdin［2018-11-12］.

动网络出现后,每个人直接通过手机就可以注册账户或者登记为会员,再建立几个微信群,很容易就可以达到以上人数。

第(二)项是关于资金数额累计达250万元以上的。这款也是,在网络传销犯罪模式下,资金要达到这个数额,也是很容易的事情。

第(三)项是关于曾经受过处罚的。曾经因为组织、领导传销活动受过刑事处罚,又从事组织、领导传销活动,这就是屡教不改、是累犯。或者是一年以内曾经受过行政处罚的,又直接或者间接发展参与传销活动人员累计达60人以上的,也列入情节严重情形。

第(四)项是造成严重后果的。例如,以前有一些传销活动,强迫参与人员发展下线人员,打电话给家属要钱,否则不让外出活动,加以软禁。有时会造成参与者精神失常,甚至自杀的严重后果。

第(五)项是其他情形。哪些属于其他情形,目前没有继续的细化规定,属于法官的"自由心证"。

《办理组织领导传销活动刑事案件的意见》中关于"情节严重"的规定,与《刑法》第224条"量刑在五年以上有期徒刑"规定相互对应。司法实务中,对于发展人数达到120以上,累计金额达250万元以上,是比较常见的。尤其,近几年来网络传销犯罪的出现,人数和金额轻易就可以达到这样的数字。但是,法院在判决上还是尊重和结合了《办理组织领导传销活动刑事案件的意见》第2条"传销活动的组织、领导者"问题,区分了主、从犯问题。对于是主犯的,在5年以上量刑,对于不是主犯的,虽然达到了以上人数或金额,但是量刑上还是考虑了从轻、减轻之判决。因此,也可以说在这一点上,组织、领导者主从犯条款是优先于情节严重条款适用的。

# 第三章 传销犯罪立法与罪名来源问题

# 第三章 传销犯罪立法与罪名来源问题

## 第一节 传销犯罪立法历程

我国《刑法》在 2009 年之前是没有组织、领导传销活动罪这项罪名的。组织、领导传销活动罪正式成为一项独立罪名，是源于 2009 年全国人大常务委员会制定和颁布的《刑法修正案（七）》。在修正案里面，新规定了组织、领导传销活动罪。修正案将该罪名写入到我国《刑法》第 224 条合同诈骗罪之后，作为一条独立条款存在。

那么，以前是否存在传销活动呢？如果存在传销活动，是以什么罪名来规制和打击呢？

中国的改革开放政策是从 1978 年十一届三中全会后才开始的。1979 年，中央正式批准广东在对外经济活动中实行特殊政策、灵活措施，迈开了改革开放的历史性脚步。❶ 由于中国是人口大国，经济发展的潜力巨大，一些外商纷纷涌入中国进行投资兴业。从广东省珠江三角

---

❶ 张汉青. 习仲勋如何带领广东改革开放"先走一步"[EB/OL]. http://dangshi.people.com.cn/n/2015/1011/c85037-27684510.html [2019-02-01].

洲开始，逐步渗入到中国的其他沿海地区，再向内渗入。外商的涌入，也为中国市场经济的发展带来了许多国外先进的管理经验和丰富的专业技术。中国的一些企业，由最初的生产型企业、"三来一补"企业，慢慢在中国境内打造自己的独立产品，拥有自己的独立品牌。由此，销售领域，也开始兴旺起来。

就这样，一些先进的销售理念和模式出现了。销售环节领域的创新活动，也开始出现。为了提高产品销售率，增大销售业绩，让更多的人参与到销售环节中来的方式也出现。也就是这个时候，市场出现了以发展参与人员，并让参与人员再发展人员进入销售环节，并以拉人人员的多少作为计酬或返利依据的销售模式产生了。这种以发展人员和"拉人头"作为主要特征的销售模式，虽然夹杂着商品销售业绩增大，但其主要还是以拉人人员的数量作为计酬的依据。最终，国家意识到这种活动属于传销性质的销售活动，较大程度扰乱了国家的经济和社会秩序，让一些地方经济秩序动荡不安。

## 一、对传销活动的禁止，始于国务院 1998 年的通知

初始的传销活动，在一些沿海开放发达城市相继出现。他们主要以召集人员上课、培训，讲解公司的销售产品，让参与人员销售公司的产品，并附带拉拢人头，让加入的人再去拉拢其他人员加入，并以缴纳的费用作为商品销售的对价。同时，商品的价格明显超过商品的价值。如此变相得缴纳入门费，从事传销活动。由于，传销现象出现不久，国家相关市场监管部门仍是保持着观望的状态。

1998 年，市场上出现了非常多的、以各种产品销售为特征的传销活动，实际销售的产品价格和价值严重不符，带有非常明显的欺诈和骗取财物目的。为此，1998 年 4 月 18 日，国务院第一次针对市场上的传销活动，颁布《关于禁止传销经营活动的通知》。该通知主要着眼于传

销活动在市场经济生活中出现的负面影响,明令禁止这种以发展人员数量为目的的传销活动。

值得一提的是,1998年《关于禁止传销经营活动的通知》第2条规定:"自本通知发布之日起,禁止任何形式的传销经营活动。"从此规定可推测出这样的一个信息:该通知发布之前,传销是被法律所允许的,并且从事传销经营的企业还需要经过市场监督管理部门批准登记。但是,这份通知中并没有对于传销这个概念进行定义,也没有对传销有哪几种类型进行细化。因此,这时的传销是什么状态不是很明确的。那么,《关于禁止传销经营活动的通知》里面的传销和此后被禁止的传销,以及市场上出现的直销,是否属于同一个概念呢?这是令人疑惑的。❶

无论如何,1998年国务院颁布的《关于禁止传销经营活动的通知》,可以说是我国对于市场上出现的传销活动的首次禁止,也是第一次见于法律、法规和规章之中。

## 二、2000年,国务院转发了工商局、公安部、人民银行意见

2000年8月13日国务院办公厅转发了中华人民共和国工商管理总局❷、公安部、中国人民银行《关于严厉打击传销和变相传销等非法经营活动的意见》,第一次以国家部委规章形式出现,并且由国务院办公厅转发了该规章。其中,在内容中明确规定了传销形态,包括传销和变相传销,应予以取缔。并且规定,对于情节严重的,移送公安机关追究刑事责任。

可以说,这是一次将传销首次入罪的立法规定。虽然,是以部委规

---

❶ 陈兴良. 组织、领导传销活动罪:性质与界限[J]. 政治论坛, 2016, 34(2): 106-120.

❷ 现在为国家市场监督管理总局。

章形式，国务院办公厅转发，但是，在当时的市场经济环境下，面对新型形态，国家立法建设不完全成熟的情况下，国务院转发文件写明情节严重的追究刑事责任，也是起到较大的作用和意义。

《关于严厉打击传销和变相传销等非法经营活动的意见》第2条规定："工商行政管理机关对下列传销或变相传销行为，要采取有力措施，坚决予以取缔；对情节严重涉嫌犯罪的，要移送公安机关，按照司法程序对组织者依照《刑法》第225条的有关规定处理：

"（一）经营者通过发展人员、组织网络从事无店铺经营活动，参加者之间上线从下线的营销业绩中提取报酬的；

"（二）参加者通过交纳入门费或以认购商品（含服务，下同）等变相交纳入门费的方式，取得加入、介绍或发展他人加入的资格，并以此获取回报的；

"（三）先参加者从发展的下线成员所交纳费用中获取收益，且收益数额由其加入的先后顺序决定的；

"（四）组织者的收益主要来自参加者交纳的入门费或以认购商品等方式变相交纳的费用的；

"（五）组织者利用后参加者所交付的部分费用支付先参加者的报酬维持运作的；

"（六）其他通过发展人员、组织网络或以高额回报为诱饵招揽人员从事变相传销活动的。"

《关于严厉打击传销和变相传销等非法经营活动的意见》已经明确规定，对于上述6种非法传销行为，应当根据《刑法》第225条的有关规定处理。而《刑法》第225条，就是关于非法经营罪的规定。

按照《关于严厉打击传销和变相传销等非法经营活动的意见》的规定，6种非法传销行为涵盖了社会上不同类型的传销活动。无论是以下线销售人员的销售业绩为计酬依据，还是以缴纳入门费的人员数量增加作为计酬依据的传销活动都在此列。因此，《关于严厉打击传销和变相传销等非法经营活动的意见》内容已经对传销活动作了一定程度的区分，划分成两种类型：一种是直接传销，另一种是变相传销。在当时情形下，不仅团队计酬的经营型传销行为应入罪，以非法经营罪论处，而且拉人头、收取入门费的直接传销，诈骗型传销行为也应以非法经营罪论处。

虽然《关于严厉打击传销和变相传销等非法经营活动的意见》只是部门规章，并不具有刑事立法效力。但是，在我国当时刑事法治还不健全的背景下，《关于严厉打击传销和变相传销等非法经营活动的意见》对于传销活动的定罪无疑具有重要的推动作用。❶

### 三、2001年，最高人民法院出台有关传销犯罪的司法解释

传销活动正式入罪的法律依据来源于司法解释，即2001年3月29日，最高人民法院给予广东省高级人民法院的《情节严重的传销或者变相传销行为的批复》，指出："广东省高级人民法院：你院粤高法〔2000〕101号《关于情节严重的传销和变相传销的行为是否构成非法经营罪问题的请示》收悉。经研究，答复如下：

"对于1998年4月18日国务院《关于禁止传销经营活动的通知》发布以后，仍然从事传销或者变相传销活动，扰乱市场秩序，情节严重的，应当依照刑法第二百二十五条第（四）项的规定，以非法经营罪定罪处罚。

"实施上述犯罪，同时构成刑法规定的其他犯罪的，依照处罚较重的规定定罪处罚。"

这一规定，值得注意的有以下几点。

---

❶ 张明楷. 传销犯罪的基本问题［J］. 政治与法律，2009，9：27-33.

(1) 对入罪的条件作了规定。

《关于禁止传销经营活动的通知》发布以后，仍然从事传销或者变相传销活动，扰乱市场秩序，情节严重的，应当追究刑事责任。

在此，《情节严重的传销或者变相传销行为的批复》把入罪的条件表述为从事传销或者变相传销活动，扰乱市场秩序，情节严重的。至于，情节如何是严重的，没有具体细化规定。同时，从《情节严重的传销或者变相传销行为的批复》对入罪行为要件看，并没有区分传销活动的组织者和领导者问题。

(2) 规定变相传销活动也应入罪。

也就是说，除了典型的传销活动以外，还包括变相传销活动。那么，如何界定所谓的变相传销活动呢？变相传销活动的说法来自1998年《关于禁止传销经营活动的通知》，其中提出"加大执法力度，严厉查禁各种传销和变相传销行为"。

1998年《关于禁止传销经营活动的通知》第3条列举的行为中就包含了"假借专卖、代理、特许加盟经营、直销、连锁、网络销售等名义进行变相传销的；采取会员卡、储蓄卡、彩票、职业培训等手段进行传销和变相传销，骗取入会费、加盟费、许可费、培训费的；其他传销和变相传销的行为"。

因此，这里的变相传销是指销售手段、入门费的称谓等形式上的不同表现，作为变相手法，实质和内容上还是要求会员缴纳费用，而且以会员数量多少缴纳费用作为计酬或返利依据。

(3) 以非法经营罪定罪和处罚。

"对于构成以上传销活动入罪条件的，应当依照刑法第二百二十五条第（四）项的规定，以非法经营罪定罪处罚。"我国《刑法》第225条对非法经营罪的规定采取的是空白罪状的立法方式。其中第（四）项规定的是"其他严重扰乱市场秩序的非法经营行为"，这是一个兜底式的规定，为《情节严重的传销或者变相传销行为的批复》的入罪解释留下了极大的余地。因此，将刑法所没有规定的传销行为解释为非法经营行为，也就成为在不经刑事立法程序而将传销行为入罪的最佳选择。❶

这里面，有一个传销与变相传销的问题值得我们注意：《关于禁止传销经营活动的通知》本身并没有对传销或者变相传销加以界定。然而，根据以上《关于严厉打击传销和变相传销等非法经营活动的意见》的理解，以及该意见第 2 条规定的 6 种行为应当依照《刑法》第 225 条非法经营罪规定定罪处罚。下面我们仔细分析这 6 种行为类型。

除了第一种传销行为，经营者通过发展人员、组织网络从事无店铺经营活动，参加者之间上线从下线的营销业绩中提取报酬，具有经营性质以外，其他 5 种传销行为，参加者通过交纳入门费或以认购商品（含服务，下同）等变相交纳入门费的方式，取得加入、介绍或发展他人加入的资格，并以此获取回报。先参加者从发展的下线成员所交纳费用中获取收益，且收益数额由其加入的先后顺序决定；组织者的收益主要来自参加者交纳的入门费或以认购商品等方式变相交纳的费用；组织者利用后参加者所交付的部分费用支付先参加者的报酬维持运作；其他通过发展人员、组织网络或以高额回报为诱饵招揽人员从事变相传销活动。

这些传销行为都没有实质经营内容，属于以传销为名的诈骗犯罪。然而，在司法实务中，一些地方法院理解上存有不同，对于有经营活动的传销以非法经营罪定罪处罚；而对于没有经营活动、诈骗性质的传销活动，则以诈骗罪或者集资诈骗定罪处罚的较多。

（4）实施传销行为，同时构成刑法规定的其他犯罪的，依照处罚较重的规定处罚。

《情节严重的传销或者变相传销行为的批复》在最后规定："实施

---

❶ 陈兴良. 组织、领导传销活动罪：性质与界限 [J]. 政治论坛, 2016, 34（2）: 106-120.

上述犯罪，同时构成刑法规定的其他犯罪的，依照处罚较重的规定定罪处罚。"这个规定，就是基于传销活动的复杂性、内容的多样性。如果还构成其他较重罪名的，应以较重罪名定罪处罚。

那么，哪些内容可能涉及其他较重的罪名呢？《关于禁止传销经营活动的通知》第1条论及禁止传销活动的根据时，指出："不法分子利用传销进行邪教、帮会和迷信、流氓等活动，严重背离精神文明建设的要求，影响我国社会稳定；利用传销吸收党政机关干部、现役军人、全日制在校学生等参与经商，严重破坏正常的工作和教学秩序；利用传销进行价格欺诈、骗取钱财，推销假冒伪劣产品、走私产品，牟取暴利，偷逃税收，严重损害消费者的利益，干扰正常的经济秩序。因此，对传销经营活动必须坚决予以禁止。"由此可见，此通知就传销活动涉及的领域作了一定的列举，为之后的立法活动作了一定铺垫。这些类型也成为《情节严重的传销或者变相传销行为的批复》中，对于传销活动可能触犯的其他罪名行为提供立法规制上的基础和依据。

## 四、《刑法修正案（七）》将传销活动正式列为独立罪名，并写入刑法

2009年2月28日，第十一届全国人民代表大会常务委员会第七次会议正式通过了《刑法修正案（七）》。其中，第4条规定，"在刑法第二百二十四条后增加一条，作为第二百二十四条之一"，内容为"组织、领导以推销商品、提供服务等经营活动为名，要求参加者以缴纳费用或者购买商品、服务等方式获得加入资格，并按照一定顺序组成层级，直接或者间接以发展人员的数量作为计酬或者返利依据，引诱、胁迫参加者继续发展他人参加，骗取财物，扰乱经济社会秩序的传销活动的，处五年以下有期徒刑或者拘役，并处罚金；情节严重的，处五年以上有期徒刑，并处罚金。"该修正案自公布之日起施行。

我国刑法将传销活动,以单独一项罪名正式写入了国家法律中。从此以后,司法机关惩治和打击市场上的传销活动,有了法律依据,法律适用,更科学、合理,也让游离不定的传销,在适用法律上有了落脚之处。

## 五、《办理组织领导传销活动刑事案件的意见》出台

《刑法修正案(七)》实施后一段时间,最高人民法院和最高人民检察院没有出台过司法解释。在打击传销犯罪过程中,要起到以点惩治的示范作用,有效的警示和教育不法分子,达到刑法的教育目的,不能对参与传销活动人员全部予以打击。由此,出台司法解释是必需的。

对于什么才是传销活动的真正组织者、领导者,什么样的层级和人数才是打击之列,经营型传销活动和诈骗型传销活动的区分等,都需要出台司法解释。

在经过一段时间的刑法适用和司法实践,2013年11月14日,最高人民法院、最高人民检察院、公安部颁布实施《关于办理组织领导传销活动刑事案件的意见》。这部司法解释,可以说是比较科学、全面和具体的。对于组织、领导传销活动行为在法律适用上也作了详尽解释。为国家打击和惩治组织、领导传销活动犯罪提供了依据。

2013年以后,国家网络硬件建设和软件建设逐渐走向成熟,特别是移动互联网的出现,网络传销活动呈现"井喷"态势。2016~2018年,一些以网络为空间,运用网络的工具,通过移动互联网实现人与人之间的合作和连接的网络传销活动,出现了非常多的网络传销平台。这些平台,有的以销售商品为形式,借助网络PC电脑端和手机APP开发的软件进行管理;有的以搭建网络空间,将买、卖双方都纳入到网络平台上来,让他们在线上交易,线下实体成交;有的以打造某种概念,将人与人之间形成了计酬或返利依据关系。一些平台纷纷涉嫌组织、领导

传销活动罪。这些涉罪平台，参与人员动不动就几万人，有的甚至几十万人、几千万人；涉案金额巨大，通常都是几个亿，几十亿元；影响面广、涉及人数众多，跨越多个省份，有的还跨越国界。这些新类型的网络传销犯罪，与《办理组织领导传销活动刑事案件的意见》里所包含的情形有着一定的联系，也有着一定区分。因此，对于网络传销活动犯罪，国家在立法上要跟进上来，制定更精准、有效的规制。

## 第二节　组织、领导传销活动罪罪名和司法解释

组织、领导传销活动罪作为一项独立罪名，是由我国 2009 年《刑法修正案（七）》确立并写入刑法。该罪名的写入，使我国刑法罪名理论研究和司法实务打击传销犯罪有了明确法律依据，并指明了方向。为传销犯罪类型的研究，有效区分其他犯罪活动，为引导企业走向正规运营之路，为刑事风险防控，均奠定了依据基础。

### 一、《刑法修正案（七）》增设独立罪名

2009 年 2 月 28 日，颁布施行的《刑法修正案（七）》将组织、领导传销活动罪列入《刑法》第 224 条合同诈骗罪之后。

该罪名的确立和写入刑法，为司法实务中传销案件的办理、刑事规制、司法解释的出台，有了援引依据。

## 二、解释《办理组织领导传销活动刑事案件的意见》的出台

一段时期内,组织、领导传销活动罪列入刑法后,没有制定出台司法解释。对于定罪组织、领导传销活动罪,仍然要参照之前的《情节严重的传销或者变相传销行为的批复》和《国务院禁止传销经营活动的通知》的内容。2013年11月14日,《办理组织领导传销活动刑事案件的意见》的出台,真正实现刑法规定和司法解释相互呼应,从而为有效的适用法律、司法解释打击和惩治犯罪活动提供了法律依据。

### (一) 行政处罚前置问题

需要注意的是,以前司法解释的出台往往是最高人民法院、最高人民检察院两机关制定和实施,这部《办理组织领导传销活动刑事案件的意见》却加上了公安部。公安部严格意义上讲不是司法机关,而是国家行政机关,隶属于国务院的部委机关。笔者认为,之所以将公安部也列入,主要是考虑到组织、领导传销活动罪是行政处罚和刑事处罚两者并行的罪名。也就是说,对于传销活动,工商行政管理机关可以调查和处罚,公安机关也可以直接进行刑事侦查和采取强制措施。这样一来,对于市场销售环节发生的传销活动,一方面工商行政管理机关可以调查和处罚;另一方面公安机关也可以直接侦查和动用刑事侦查手段措施,对相关企业采取查封、冻结,对犯罪嫌疑人采取刑事强制措施。如此,公安机关就可以直接跨越之前行政处罚的前置程序——行政刑事侦查手段。

近几年,笔者发现公安机关对于传销犯罪案件,出现抢先管辖、"逐利"执法问题,个别侦查部门奔着案件可以没收冻结款项、判决罚金而带着目的性的异地抢先案件管辖。这些问题,笔者认为还有待于国家进一步的规范。这样的倾向和局面是不利于保护民营企业家、促进民

营经济健康发展的。一些案件，公安机关动不动就查封企业财产、冻结案件所涉及的大面积账户，采取刑事羁押措施，让一家企业一夜之间回到"解放前"，关门倒闭，企业负责人家破人亡、倾家荡产，影响是非常巨大的。

而实践中，经济的发展、企业的运营是多种现象和因素糅合而成的。有的是一开始就是为了传销而设立的企业；有的则是开始是为了正常经营，为了做一份事业和完全依法登记、合法纳税正规运营。之后随着经营活动的创新，国家商业环境背景的变化，存在着某个环节创新，又伴随着风险运营，这风险包括违法或犯罪的风险。但是，创新是要在一定程度上允许"试错"，创新的未来怎么样，不知道，看不见摸不着，有创新就会伴随有风险。又不能在创新初期，将其扼杀掉。因此，国家对于创新应给予一定的机会，如果发现问题，且不是很严重，可以通过引导、政府干预、行政介入，或者第三方例如律师介入，引导企业纠正偏向，及时走向正轨之路。如果一家企业经营前期是好的、是正常合法运营的，后期出现偏离轨道，应该通过行政干预，或者先行政处罚，来让企业及时纠偏。企业不纠正偏向，再采取刑事强制措施。

### （二）解释《办理组织领导传销活动刑事案件的意见》的条款

《办理组织领导传销活动刑事案件的意见》总共有 7 条。第 1 条是关于组织、领导传销活动罪的概念和构成，有 4 小段，包括实体和程度。在概念表述上，和《刑法》第 224 条之一的条款规定基本相同。在构成上，以每个标点为间隔、为一层意思，前后连贯，共同组成传销犯罪的构成，缺一不可。第 4 小段，为传销犯罪的调查取证问题。第 2 条是关于传销活动中的组织、领导者问题，5 种情形应列为组织者、领导者之列。第 3 条是关于"骗取财物"的认定问题。第 4 条是关于"情节严重"的认定问题。第 5 条是关于"团队计酬"行为的处理问题。第 6 条关于罪名的适用问题。第 7 条是其他问题。

总共 7 条，非常紧凑。第 1 条是总领和概括，其他条款是对于第 1 条的分解和补充。由此，共同来组成完整的组织、领导传销活动罪刑事案件适用法律的规范。

到目前为止，司法实务中打击和惩治组织、领导传销活动罪行为，就是以上述《刑法》第 224 条之一条款和上述解释《办理组织领导传销活动刑事案件的意见》为法律和解释的依据，有效应用到个案办理之中的。我们辩护人，也是应当逐条的认真研讨、仔细分析，熟悉内在原理，方能有效掌握和驾驭规定，在司法个案中取得精准、有效的辩护成效。

# 第四章 传销犯罪与他罪的区分

# 第一节 组织、领导传销活动罪与集资诈骗罪的区分

我国刑法规制的组织、领导传销活动罪主要打击的是诈骗性质的传销活动。正因如此，才使得组织、领导传销活动罪和集资诈骗罪，在规制内容上有相近之处，也导致了司法实务中，容易混淆两个罪名。

## 一、立法规定

组织、领导传销活动罪在没有单独成为一项罪名前，我国刑法对于传销活动，是以非法经营罪来定罪和量刑的。2009年《刑法修正案（七）》出来后，增设了组织领导传销活动罪，将其列入《刑法》第224条合同诈骗罪之后，成为第224条之一。之所以列入合同诈骗罪，是考虑到组织、领导传销活动罪具有合同诈骗的"诈骗"属性。当然，它和合同诈骗罪之间又有着区别。根据《刑法》第224条之一规定，

"组织、领导以推销商品、提供服务等经营活动为名,要求参加者以缴纳费用或者购买商品、服务等方式获得加入资格,并按照一定顺序组成层级,直接或者间接以发展人员的数量作为计酬或者返利依据,引诱、胁迫参加者继续发展他人参加,骗取财物,扰乱经济社会秩序的传销活动的,处五年以下有期徒刑或者拘役,并处罚金;情节严重的,处五年以上有期徒刑,并处罚金"。其中条款后段内容就有"骗取财物,扰乱社会经济秩序"的表述。

关于集资诈骗罪《刑法》第192条规定:"集资诈骗罪是指以非法占有为目的,违反有关金融法律、法规的规定,使用诈骗方法进行非法集资,扰乱国家正常金融秩序,侵犯公私财产所有权,且数额较大的行为。"从这一规定可以看出,该罪是行为犯,以诈骗的方法,以非法集资的手段,侵犯公私财产所有权转归自己所有,或任意挥霍,或占有资金后携款潜逃等;该罪也是数额犯和结果犯,占有资金数额较大。该罪的主体是一般主体,任何达到刑事责任年龄、具有刑事责任能力的自然人均可成为本罪的主体。当然,单位也可以成为本罪主体。关于集资诈骗罪的量刑规定是:"数额较大的,处五年以下有期徒刑或者拘役,并处二万元以上三十万元以下罚金;数额巨大或者有其他严重情节的,处五年以上十年以下有期徒刑,并处五万元以上五十万元以下罚金;数额特别巨大或者有其他特别严重情节的,处十年以上有期徒刑或者无期徒刑,并处五万元以上五十万元以下罚金或者没收财产。"2015年的《刑法修正案(九)》取消了对集资诈骗罪死刑刑罚的适用。

显然,组织、领导传销活动罪和集资诈骗罪在量刑上有着较大差异,集资诈骗罪的量刑相对重得多,而组织、领导传销活动罪要轻一些;集资诈骗最高刑为无期徒刑,组织、领导传销活动罪最高刑为有期徒刑15年。

## 二、两者的联系

组织、领导传销活动罪可以分为两种类型,一种是以诈骗性质为特征的传销活动,另一种是以经营活动为主要特征的传销活动。其中,经营活动为主要特征,又分为以经营活动为名实质骗取财物的传销活动和以经营活动为实的"团队计酬"传销活动。对于第一种以诈骗性质为主要特征和第二种第一类以经营活动为名实质骗取财物传销活动,都以骗取财物或非法占有财物为目的。这种以非法占有财物为目的的传销活动,很容易跌入集资诈骗罪里面。根据《办理组织领导传销活动刑事案件的意见》第6条关于罪名适用问题的规定,"以非法占有为目的,组织、领导传销活动,同时构成组织、领导传销活动罪和集资诈骗罪的,依据处罚较重的规定定罪处罚"。因此,当犯罪行为,同时构成两个罪名时,依据重罪断处。那么,其依据是什么?就是其中都具备的以非法占有为目的骗取财物。然而,司法实务中,从案件辩护角度来看,当集资诈骗罪中有传销犯罪特征时,作为辩护人,应首先考虑为当事人作组织、领导传销活动罪性质"降阶"式辩护,以维护当事人正当权益。

(一) 骗取财物

这是两个罪名的共同特征。组织、领导传销活动罪客观上实施了骗取财物的行为,虽然会出现一些参与人员不认为自己被骗或骗取他人,但是,传销犯罪采取的是"客观骗取说",即不以行为人的主观"认为"作为认定骗取的条件。那么,集资诈骗罪也是,集资诈骗罪最主要的特征就是骗取他人的财物,其钱款去向不明,如挥霍干净、用于非法用途。如果不是骗取,那么就一定是非法吸收公众存款了。

我国在《刑法修正案(七)》出台之前,司法实务中,对以骗取财物为主要目的的传销活动,通常是以诈骗罪或者集资诈骗罪定罪处罚。在《刑法修正案（七）》将组织、领导传销活动罪单独列为一项罪名后，其实是对于传销犯罪作了更细的划分，也就是前面陈述的诈骗性质传销活动与经营诈骗型传销、经营"团队计酬"型传销。对于前面两种传销活动，都和集资诈骗一样，以骗取财物为客观特征和行为性质。

### （二）以非法占有财物为目的

这主要是考查行为人的主观方面。注意，以非法占有财物为目的不同于上面的骗取财物。这里的非法占有意图更为明显，而上述骗取财物体现的是"客观骗取说"。由于司法实践的复杂性，以传销为形式，实质上存在非法占有财物性质的集资诈骗。传销只是形式，是种依托或模式，集资诈骗才是目的和结果，非法占有财物意图明显，实质上就是诈骗性质的传销活动。这是两个罪名都具备的特征。

### （三）涉众型犯罪

在经济犯罪辩护领域，有句话"可做'非法吸收公众存款'辩护，就不能做'传销犯罪'辩护，可做'传销犯罪'辩护，就不能做集资诈骗辩护"。这句话的意思就是非法吸收公众存款没有传销犯罪重，传销犯罪又没有集资诈骗罪重。在辩护时，要讲究策略和技巧。这也说明了这三个罪名是有着紧密联系的，这三个罪名都是涉众型，涉及被害人人数众多、影响面较大、传销参与人员或被集资对象人员不特定，具有广泛性、大众性和人数众多的特征。

### （四）法条竞合问题

在传销和诈骗两者兼具，相互交织，难以区分的情况下，怎样判断究竟是诈骗性质的传销活动，还是传销性质的诈骗活动？有的人认为在法律适用上是想象竞合问题。刑法学者张明楷教授认为，组织、领导以骗取财物为目的、以传销活动为外表的传销活动同时触犯集资诈骗、合同诈骗或者普通诈骗等犯罪的，应当以想象竞合犯从一重罪处罚。前面可以认为是种交互竞合关系，对此可以按照从一重罪处断的原则处理。无论是想象竞合或者交互竞合，处理原则都是从一重罪处罚。❶

笔者认为，他们的观点各有道理。组织、领导传销活动罪中存在以虚假投资项目为名，要求投资者缴纳费用以获得加入资格并形成层级关系，以传销组织形式骗取财物的情形，这种情形与集资诈骗罪中的虚构投资项目，诱骗投资者投资，进行非法集资的行为存在一定的重合性，故两者实质上存在交叉关系，可以评价为交互竞合关系。

### 三、两者存在的混淆

《办理组织领导传销活动刑事案件的意见》第1条将"骗取财物"写入法条，作为传销犯罪认定的构罪要件之一；然后，在第6条又规定了，"以非法占有为目的，组织、领导传销活动，同时构成组织、领导传销活动罪和集资诈骗罪的，依照处罚较重的规定的定罪处罚"。该解释规定的内容表明组织、领导传销活动罪与集资诈骗罪存在竞合的内容。然而，司法实务中竞合的内容较为复杂、多样，容易让人混淆。对于"诈骗"和"传销"的两个要素，究竟是"诈骗"为手段、"传销"为目的，还是"传销"为手段、"诈骗"为目的？如果是前者，其本质上还是以传销组织的模式进行获利，项目诱饵、高额回报、虚假宣传只是形成传销组织的一个手段，应当评价为组织、领导传销活动罪。而如果是后者，则只是披着"传销组织"外衣的非法集资行为，其利用传销组织的特性，为非法集资活动提供便利性，应当评价为集资诈骗罪。

---

❶ 王思鲁. 组织、领导传销活动罪与集资诈骗罪的界限[EB/OL]. "金牙大状"微信公众号[2018-05-25].

而解决这一问题的关键在于对行为的核心要素进行评价。❶ 当无法辨别两者谁主谁次时,对竞合关系评价,还是遵循法条规定,按较重的罪名进行定罪处罚。

## 四、两者的区别

### (一) 行为方式不同

组织、领导传销活动罪行为方式较为复杂,由多个行为部分组成,具有连续性。我国《刑法》第220条之一以及司法解释中前后有一句话,中间由逗号隔开,逗号间就是一层意思。组织、领导传销活动罪的行为方式:"以推销商品、提供服务等经营活动为名,要求参加者以缴纳费用或者购买商品、服务等方式获得加入资格,并按照一定顺序组成层级,直接或间接以发展人员的数量作为计酬或者返利依据,引诱、胁迫参加者继续发展他人参加,骗取财物,扰乱社会经济秩序的行为。"而集资诈骗罪规定于《刑法》第192条,内容如下:"以非法占有为目的,使用诈骗方法非法集资。"所谓诈骗方法,即虚构事实、隐瞒真相的方法。这两者比较下,前者行为较为复杂,技术含量较高,涉及多个方面共同完成。然而,后者行为相对简单和直接,就是以占有财物为目的,使用诈骗方法进行集资,至于诈骗方法上,会呈现虚构事实、隐瞒真相的情形。

相比较下,传销多了以什么为名义,通过入门费、购买商品或提供服务为名,要求缴纳费用得到资格,之后形成层级和人数,再继续发展他人,计酬依据在后面人数的增加之上,引诱和胁迫他人参加,骗取财物;而后者只是虚构事实、隐瞒真相,使得对方陷入错误认识,达到骗

---

❶ 陈兴良. 组织、领导传销活动罪:性质与界限 [J]. 政法论坛, 2016, 34 (2): 106-120.

取财物的目的。

（二）组织结构不同

组织、领导传销活动罪在组织结构上更体现为传销组织的固定化与获利的稳定性。购买商品、提供服务只是形式或称道具，内在是固定的、具有复杂层次的层级和人数结构，以达到骗取的目的。参加者需要缴纳费用或者购买商品、服务才能获取加入资格，之后形成金字塔式的"裙带"关系。而在集资诈骗罪中，行为人直接追求对投资者资金的占有，方法、手段较为简单化，不要求参与人员购买商品或服务，而是虚构事实、隐瞒真相诱骗投资者陷入错误认识，直接投资。也没有对参与人员形成层级和人数"裙带"关系。比较之下，前者是通过加入人员，以直接或间接发展人员的数量作为计酬依据，上线对下线负责，下线不认识更上层级人员，表现为明显的层级关系；而后者并不表现上下层级组织关系，而是扁平化，横向、扩散式发展，以集资人为中心。

（三）获取财物来源不同

组织、领导传销活动罪中获取利益来源于直接或间接发展人员的数量增加，达到财富的暴增。通过参与人员不断地发展下线，下线又发展下线实现财物的积累。缴纳的入门费、购买商品或提供服务费用多少可能是固定的，不以单个人数量多少为核心计算，而是以下线人数增加为主要依据。如此，实现顶层组织和领导者，财富的累积与"井喷"。然而，集资诈骗罪的财物来源，表现为投资者直接的投资，常常是行为人向投资者承诺保本付息、返利等方式诱骗他人投资。而投资人金额上越多越好，并不以参加人的数量作为主要来源，即主要与金额多少关联。

（四）犯罪客体不同

组织、领导传销活动罪侵犯的客体为社会主义市场经济秩序和公私财产所有权,而集资诈骗罪侵犯的客体为国家金融管理秩序和公私财产所有权。从刑法分则上看,组织、领导传销活动罪规定在刑法分则第 8 节"扰乱市场经济秩序罪"中,而集资诈骗罪则规定在第 5 节"金融诈骗罪"中,两者侵犯的刑法保护法益的侧重点是不同的。

(五)行为主体性质不同

无论是组织、领导传销活动罪还是集资诈骗罪,都有如何认定被害人与参与者的问题。但该问题在两罪中所呈现的性质不同,这也是对两罪进行区分的一个重要因素。组织、领导传销活动罪中的参与者有"加入资格"的要求,其相比较集资诈骗罪而言,需要支付一笔费用作为"入门费",而且这个"入门费"数额上,可能是相同的,或者数额固定的几个档次。在组织、领导传销活动罪中,参与者必须通过缴纳费用或者购买商品、服务的方式获取加入资格,未获取资格,便不是该传销组织的一员,不能从中获利。

而在集资诈骗罪中,参与者只需要进行资金投资即可,数额没有固定和限制,多少都可以,趋向于越大越好,但是没有视为"入门费"或加入资格的说法。

(六)参与者主观认知不同

组织、领导传销活动罪中被害人常常不认为自己是骗取他人,也不认为自己是被上线骗,而是觉得自己是做项目,一种模式的共同经营者和参与者,不是被骗。参与人员不会主动报警,甚至案件发生后也不会配合警察调查和取证。同时,在传销犯罪中,行为人与被害人具有双重身份,既是犯罪嫌疑人,又是被害人。而在集资诈骗罪中,参与者就是直接受害人,只是自己被陷入了对虚假性不认知,没有认识到内情,导致被骗。但是,一旦知道自己被骗,立马会向公安机关报警并积极配合警察调查与取证。这就是两者行为技术含量的不同,从而导致参与人员主观认识上的巨大差别。

### （七）参与者是否需要承担刑事责任不同

《办理组织领导传销活动刑事案件的意见》第 1 条将 3 级且 30 人以上的列入被追究刑事责任之列，同时，第 2 条又规定了什么情况下才是传销活动的组织者、领导者。这样，只要具备了发展下线人员在 30 人以上且 3 层级以上，同时符合第 2 条规定内容的就是传销活动的组织者、领导者，应当被追究刑事责任。因此，组织、领导传销活动罪被追究刑事责任人员不单是顶层设计人员和模式操纵人员，还包括下面符合条件的人员。这样一来，被追究刑事责任的人员往往会比较多。然而，集资诈骗罪中，参加人员常常就是被害人，一般不需要承担刑事责任，追究刑事责任的就是集资诈骗的直接核心人员。

### （八）主观故意内容不同

在刑法理论界上，对于组织、领导传销活动罪的主观违法要素的理解，素来存在非法牟利目的说与非法占有目的说之分。

持非法牟利目的说的学者认为："（组织、领导传销活动罪）行为人明知自己组织、领导传销活动为法律所禁止，但却通过组织、领导传销活动，达到骗取钱财，牟取非法利益的目的。"持非法占有目的说的学者则认为："在刑法修正案（七）设立的组织、领导传销活动是诈骗型传销的情况下，仍然承袭以牟利为目的的表述，就存在问题。组织、领导传销活动罪属于传销诈骗罪，是诈骗罪的特殊法。因此，对于本罪的主观违法要素，应该表述为以非法占有为目的。"[1] 首先，其在获取经济利益之前，需要对传销组织进行投入，必须维持传销组织运转才能从中获利。其次，由于是通过投入传销组织这一稳定的形式才进行获

---

[1] 张明楷. 传销犯罪的基本问题 [J]. 政治与法律，2009，(9)：27-33.

利，其指向的人或财物对象是不特定的，并且其计酬方式是直接或间接发展人员的数量，并不是资金本身，这就直接侵害特定人的财产权利。

因此，对于组织、领导传销活动罪中的主观故意内容应表述为"以非法牟利为目的"，而不能够表述为"以非法占有为目的"。此外，如果将两罪的主观违法要素均表述为"以非法占有为目的"，容易造成混淆。在目前的司法实践中，"以非法占有为目的"仍然是区分集资诈骗罪与组织、领导传销活动罪的重要内容。

## 第二节 组织、领导传销活动罪与非法经营罪的区分

在2009年《刑法修正案（七）》出台之前，是没有组织、领导传销活动罪这项罪名的。那么，是否就不对传销活动追究刑事责任呢？也是要的，当时是以非法经营罪来追究刑事责任。因此，可以说组织、领导传销活动罪是由非法经营罪转化和演变而来。厘清两者的关系和区别，对于理解和有效运用组织、领导传销活动罪有帮助。

### 一、罪名的演变

对于传销活动的禁止始于1998年4月18日国务院颁布的《关于禁止传销经营活动的通知》。鉴于传销活动在社会生活中出现的负面作用，国务院发出通知明令禁止传销活动。

2000年8月13日，国务院办公厅转发了《关于严厉打击传销和变相传销等非法经营活动的意见》，其中第2条规定："工商行政管理机

关对下列传销或变相传销行为,要采取有力措施,坚决予以取缔;对情节严重涉嫌犯罪的,要移送公安机关,按照司法程序对组织者依照《刑法》第225条的有关规定处理:(一)经营者通过发展人员、组织网络从事无店铺经营活动,参加者之间上线从下线的营销业绩中提取报酬的;(二)参加者通过交纳入门费或以认购商品(含服务,下同)等变相交纳入门费的方式,取得加入、介绍或发展他人加入的资格,并以此获取回报的;(三)先参加者从发展的下线成员所交纳费用中获取收益,且收益数额由其加入的先后顺序决定的;(四)组织者的收益主要来自参加者交纳的入门费或以认购商品等方式变相交纳的费用的;(五)组织者利用后参加者所交付的部分费用支付先参加者的报酬维持运作的;(六)其他通过发展人员、组织网络或以高额回报为诱饵招揽人员从事变相传销活动的。"《办理组织领导传销活动刑事案件的意见》里明确规定,对于上述6种非法传销行为应当根据《刑法》第225条的有关规定处理,而《刑法》第225条是关于非法经营罪的规定。

这是当时对于传销和变相传销最为具体的规定。另外,按照该意见,里面不仅将"拉人头""收取入门费"的诈骗型传销行为以非法经营罪论处,并且还将"团队计酬"的经营型传销行为列入非法经营罪论处范围。

因此,一定意义上可以说,传销活动就是非法经营行为的升级版。传销活动中将以诈骗性质"拉人头""收取入门费"界定为非法经营行为,"团队计酬"经营型也列入非法经营行为。

当然,传销活动真正以司法解释形式入罪,还是2001年3月29日最高人民法院的《情节严重的传销或者变相传销行为的批复》。该批复答复了广东省高级人民法院:"对于1998年4月18日国务院《关于禁止传销经营活动的通知》发布以后,仍然从事传销或者变相传销活动,扰乱市场秩序,情节严重的,应当依照刑法第二百二十五条第(四)项的规定,以非法经营罪定罪处罚。"非常明确地指出了传销活动,是以非法经营罪来定罪处罚。

为什么依据非法经营罪定罪处罚?主要是因为非法经营罪里面的第(四)项"空白"罪状——其他严重扰乱市场秩序的非法经营行为。这是一个兜底条款,为《情节严重的传销或者变相传销行为的批复》的入罪解释留下了余地。

但是,这里面存在一个问题,国务院办公厅转发的《关于严厉打击传销和变相传销等非法经营活动的意见》列举了6种行为,除了第1种传销行为,即经营者通过发展人员、组织网络从事无店铺经营活动,参加者之间上线从下线的营销业绩中提取报酬,具有经营性质以外,其他5种传销行为,如参加者通过交纳入门费或以认购商品(含服务,下同)等变相交纳入门费的方式,取得加入、介绍或发展他人加入的资格,并以此获取回报的;先参加者从发展的下线成员所交纳费用中获取收益,且收益数额由其加入的先后顺序决定的;组织者的收益主要来自参加者交纳的入门费或以认购商品等方式变相交纳的费用的;组织者利用后参加者所交付的部分费用支付先参加者的报酬维持运作的;其他通过发展人员、组织网络或以高额回报为诱饵招揽人员从事变相传销活动的,这些传销行为都没有经营内容,实际上属于以传销为名的诈骗犯罪。

因此,可以说以非法经营罪定罪处罚的是具有经营内容的传销行为。对于诈骗性质的传销以诈骗罪或者集资诈骗罪论处,更为贴切和符合。至2009年《刑法修正案(七)》出台,将组织、领导传销活动罪成立为单独罪写入《刑法》第224条之一,在此条后的第225条仍是非法经营罪。

## 二、罪名的规定

《刑法》第224条之一"组织、领导传销活动罪"规定:"组织、领导以推销商品、提供服务等经营活动为名，要求参加者以缴纳费用或者购买商品、服务等方式获得加入资格，并按照一定顺序组成层级，直接或者间接以发展人员的数量作为计酬或者返利依据，引诱、胁迫参加者继续发展他人参加，骗取财物，扰乱经济社会秩序的传销活动的，处五年以下有期徒刑或者拘役，并处罚金；情节严重的，处五年以上有期徒刑，并处罚金。"

《刑法》第225条"非法经营罪"规定："违反国家规定，有下列非法经营行为之一，扰乱市场秩序，情节严重的，处五年以下有期徒刑或者拘役，并处或者单处违法所得一倍以上五倍以下罚金；情节特别严重的，处五年以上有期徒刑，并处违法所得一倍以上五倍以下罚金或者没收财产：（一）未经许可经营法律、行政法规规定的专营、专卖物品或者其他限制买卖的物品的；（二）买卖进出口许可证、进出口原产地证明以及其他法律、行政法规规定的经营许可证或者批准文件的；（三）未经国家有关主管部门批准非法经营证券、期货、保险业务的，或者非法从事资金支付结算业务的；（四）其他严重扰乱市场秩序的非法经营行为。"

很显然，非法经营罪中列举的4项非法经营行为，前3项和传销活动不相关，只有第（四）项"其他"情形和禁止从事传销经营活动有些关联。

### 三、两者的联系

如果说组织、领导传销活动罪和非法经营罪之间存在联系，那就是经营性质，即都是一种经营活动。对于传销活动是"牟利"之说还是"占有"之说，存在一定争议。但是，从传销活动富含经营性质，组织、领导者投入和付出来看，更符合"牟利"之说。

一方面，经营型传销活动和非法经营罪都与经营存在联系。在《刑法修正案（七）》出台后，我国刑法将组织、领导传销活动罪作为一项独立罪名写入刑法，也就将组织、领导传销活动罪界定为诈骗型传销活动。对于经营型传销，《办理组织领导传销活动刑事案件的意见》将其列入"团队计酬"，"团队计酬"属于传销活动，但是，尚未上升到犯罪的程度。组织、领导传销活动罪也就从非法经营罪中剥离出来，立法更为科学与合理。

另一方面，都具有"牟利"的特征。经营性质的传销活动，具有牟利的特征，具有真实的商品。这与非法经营罪一样，非法经营也具有真实的商品和交易场景。这两者在客观事实上相当于竞合关系。

### 四、两者的区分

组织、领导传销活动罪和非法经营罪除了前面所述的联系外，也存在一定的差别。

（1）从犯罪主体上看，组织、领导传销活动罪只能由自然人主体构成，不存在单位犯罪主体；而非法经营罪有自然人主体，也有单位犯罪主体。

（2）从犯罪客体上看，组织、领导传销罪的客体是侵犯他人财物所有权和扰乱社会经济秩序，为双重客体。然而，非法经营罪主要是扰乱市场经济秩序。前者侵犯客体更为广泛一些、影响面更广一些。

（3）从客观方面上看，组织、领导传销罪相比于非法经营罪复杂得多。它先是有入门费和获得加入资格的讲究，之后需要让参加者继续发展他人并形成一定的层级和人数关系，计酬或返利建立在人员数量增加之上，最终目的是骗取财物等。而非法经营罪只是违反国家规定，非法经营，扰乱市场秩序，情节严重，并没有要求骗取财物等。

（4）非法经营罪是情节犯或者结果犯，根据2001年发布的《关于经济犯罪案件追诉标准的规定》，"达到一定的经营数额或者违法所得数额才可构成非法经营罪"。而组织、领导传销罪是行为犯，构成该罪不要求经营数额，只要实施了组织、领导传销的行为，达到一定的层级和人数，就应当以组织、领导传销罪论处。

因此，两个罪名在犯罪主体、具体行为内容和侵犯客体上，都有着较大的差别与不同。

# 第五章 组织、领导传销活动罪的刑事处罚

# 第五章 组织、领导传销活动罪的刑事处罚

## 第一节 5年以下有期徒刑或拘役

《刑法》第224条之一规定:"组织、领导以推销商品、提供服务等经营活动为名,要求参加者以缴纳费用或者购买商品、服务等方式获得加入资格,并按照一定顺序组成层级,直接或者间接以发展人员的数量作为计酬或者返利依据,引诱、胁迫参加者继续发展他人参加,骗取财物,扰乱经济社会秩序的传销活动的,处五年以下有期徒刑或者拘役,并处罚金;情节严重的,处五年以上有期徒刑,并处罚金。"

这是刑法条文上对于传销犯罪定罪量刑的规定。关于量刑部分,也就是此条款最后表述的内容,以5年为中间线,通常量刑是5年以下;情节严重的,是5年以上。

### 一、5年以下有期徒刑

按照《刑法》第224条之一的规定,以5年为中间线,组织、领导

传销活动罪的通常量刑在 5 年以下有期徒刑或拘役。5 年以下，是几年呢？可以为 4 年、3 年，也可以是 3 年以下，甚至拘役。对于 3 年以下的，根据刑法有关规定，是可以判处缓刑的。因此，司法实务中，传销犯罪辩护争取在 3 年以下量刑，或者是 3 年。若争取能够判决到缓刑，也是尽最大可能地维护了被告人的合法权益，使得被告人权利最大化了。

5 年以下为常态。为什么？根据刑法的规定，构成组织、领导传销活动罪的判处 5 年以下有期徒刑或拘役。根据司法解释，传销犯罪是打击组织者、领导者，一般参与者是不在打击和刑事规制之内的。而关于组织者和领导者的问题，《办理组织领导传销活动刑事案件的意见》第 2 条有详细规定："下列人员可以认定为传销活动的组织者、领导者"，列明了 5 种情形。也就是说，即便具备以上 5 种情形，构成了组织、领导传销活动罪，也是适用 5 年以下有期徒刑或拘役。当然，情节严重的除外。

## 二、5 年以下和主犯、从犯量刑问题

这里需注意的是，量刑已经兼容了对于主犯、从犯的区分的问题。例如，《办理组织领导传销活动刑事案件的意见》第 2 条第 1 款，"在传销活动中起着发起、策划、操纵作用的人员"，笔者在前面已经有表述，认为该款才是组织、领导传销活动的主犯，其余的均为从犯。但是，在有关量刑的问题上，笔者认为，主犯、从犯问题应服从于《刑法》第 224 条之一的规定，通常是 5 年以下有期徒刑。这样，也就出现了司法实务中，我们见到的判决书普遍是对于组织、领导传销活动罪量刑不会太重的原因。

## 三、拘役问题

judge判处拘役，也是我们司法实务中遇见的问题。一些传销犯罪案件中，尤其是经营型传销犯罪活动，本身不具备以诈骗和骗取财物为目的，只是在经营过程中，滑入组织、领导传销活动罪，也就是我们常说的"团队计酬"活动和传销犯罪。"团队计酬"很容易就滑入传销活动犯罪，但是，这种传销活动，性质不是很严重。相比较于诈骗型传销活动，是比较轻的。因此，就出现了司法实务中，公安机关也没有对涉嫌传销活动的组织，将其账户予以冻结，将其运营的公司予以全部查封和立案查处，而是将其下面的某条营销线销售活动中出现的问题予以立案侦办。这类案件相对而言处罚轻微。可不可以判决拘役？按法律的规定，是可以的。但是，笔者要告诉你的是，司法实务中不常见。为什么？因为传销犯罪案件一般参与人数众多、涉及面广、案件复杂，侦查机关一般会用尽侦查时间，到人民检察院审查起诉阶段，检察院一般会用尽审查期限，并且都会退回补充侦查。笔者了解到，最少都退回一次，经常是两次，这样下来，案情司法办理的期限肯定超过了6个月。除非是提前取保候审的，可以在6个月之内出来，提前释放被告人，这样，期限就不会超过6个月，那么，法官也可以相应判决拘役。否则，是判决不了拘役的。

组织、领导传销活动罪被判决5年以下有期徒刑或拘役是常态，也是《刑法》第224条之一规定的量刑内容。这种判决量刑，是已经包括传销犯罪主犯、从犯量刑问题了。

## 第二节　5年以上有期徒刑

根据《刑法》第224条之一的规定，量刑内容以5年为中间线。情节严重的，处5年以上有期徒刑，并处罚金。那么，哪些才是情节严重的情形？《办理组织领导传销活动刑事案件的意见》第4条专门作了规定。

### 一、有关情节严重的规定

《办理组织领导传销活动刑事案件的意见》第4条规定："对符合本意见第一条第一款规定的传销组织的组织者、领导者，具有下列情形之一的，应当认定为刑法第二百二十四条之一规定的'情节严重'：

"（一）组织、领导的参与传销活动人员累计达一百二十人以上的；

"（二）直接或者间接收取参与传销活动人员缴纳的传销资金数额累计达二百五十万元以上的；

"（三）曾因组织、领导传销活动受过刑事处罚，或者一年以内因组织、领导传销活动受过行政处罚，又直接或者间接发展参与传销活动人员累计达六十人以上的；

"（四）造成参与传销活动人员精神失常、自杀等严重后果的；

"（五）造成其他严重后果或者恶劣社会影响的。"

以上规定的5种情形，第（一）项是关于发展人员数量的规定，第（二）项是关于参与人员缴纳资金金额的规定，第（三）项是关于累犯的规定，第（四）项关于造成后果情况的规定，第（五）项是兜底条款。

这些规定是与时代背景和经济环境相关的。由于中国的传销活动是改革开放后西方一些国家和中国香港地区逐渐带入中国境内,从事的销售领域环节计酬或返利依据建立在人员数量的增加之上。在改革开放之前,是没有传销的概念和情形的。出现传销活动以后,市场经济秩序和社会秩序都受到不利的影响,国家才开展规制和打击传销活动。起初都是以非法经营来定罪处罚,直到2009年《刑法修正案(七)》出来后,才将组织、传销活动罪作为一项单独罪名写入法律。写入法律后,司法解释没有立即跟上,仍是边打击、边观望。我们说,立法总是滞后的,尤其是经济领域的立法。传销活动司法解释出台,也是这样。在观察了以往发生的案件后,才制定出如上5种情节严重的情况。从今天来看,以上规定的严重情形,除了第(四)项和第(五)项,前面三项,属于可以量化的,实则算不上严重。

## 二、网络传销犯罪下的情节严重问题

我们发现一个问题,那就是情节严重情形很容易达到。

### (一)有关人数众多和金额巨大的问题

参与传销活动人员数量很容易就可以达到120人以上,特别是近几年来,网络传销活动的出现,网络平台"井喷"时代的背景下,任何一个平台,只要涉嫌组织、领导传销活动罪,涉案人数少则几万人,多则几十万人,甚至几百万人。如我们办理的2016~2018年"云数贸""五行币"传销犯罪案、"云讯通"传销犯罪案,涉及几十万人,涉案资金几个亿,甚至几十个亿。这些案件的涉案人员都远超120人,金额也远超250万元。这可能与当时司法解释出台的历史背景相关。因为司法解释出台的时间是2013年11月14日,当时主要考查已经审理和判决的案件类型。当时的传销犯罪活动,主要体现为线上的传销活动,一些销售模式或销售环节上的传销活动，也还是靠传统的召集人召集到一起，然后通过讲课、发资料的形式，组织和领导传销活动，没有今天这样发达的网络。其中，一些还限制参与人员人身自由，不参与传销活动，就不给人身自由，让参与人员向他们的家属打电话取得联系，要求支付"保人费"等。因此，那几年还出现过参与人员精神失常、自杀、跳楼的严重后果。这样的后果在社会上的议论很大，人民群众认为应该严厉打击传销犯罪活动。在关于组织和领导参与人员数量上、金额上还没有达到今天这样的程度。因此，也就出现了以上的解释内容。

这几年，网络传销犯罪活动以网络为空间、以网络为工具，以"积分""电子币""虚拟货币"等为计量工具。由于网络的便利性，网络甚至让人到了"无所不能"的程度。因此，以网络开发软件运行销售模式领域的创新导致的传销活动，人数动不动就是几十万人以上，金额也是几亿元，甚至几十亿元。例如，我们办理的 2018 年"云某某"案人数甚至达到了几千万人，金额达到了几百亿元人民币。这样超大数量的人数、超大数额的金额，可谓是中华人民共和国成立以来最大的涉嫌传销犯罪的案件。如果按司法解释规定的情节严重情形，该类案件的参与人员都达到了情节严重。那么，把这些人员都予以关押，笔者认为，办案机关所在的看守所是无法关押这么多人的。

### (二) 有关后果严重的问题

《办理组织领导传销活动刑事案件的意见》第 4 条中第 (四) 项和第 (五) 项是关于造成严重后果的规定。

今天的网络犯罪，如第 (四) 项所述，造成参与传销活动人员精神失常、自杀的情形，已经比较少见，甚至没有。而相反的是，参与人员均不认为自己被骗，或认为自己是在骗取他人。他们钟情和痴迷于模式的先进性，即便被查处也不会认为自己走的是一条错误之路。那么，为什么会这样？这就是新时期一些骗取运营模式的变化。以前的传销活动,骗取特征明显,实际经营活动投入不足,甚至没有什么投入。而现在的传销活动,加入了经营活动,加入了经济的发展创新活动,甚至让人感觉不到这是在骗取他人钱财,感觉不到计酬或返利的依据是依赖人员数量的增加。因此,传销犯罪采取将人关押、拘禁,让参与人员同家属联系,让家属带钱来的情形越来越少了。经济在发展,创新在进行,模式也不断发展。

相应的,如第(五)项的情形却比较多。什么是"其他"类型,意见中没有细化。笔者认为,如果再有其他严重后果,可以归类于这款条文中。例如,今天的网络传销犯罪人数众多,涉及面广,跨越多地区、多个省份,甚至存在国外指控、国内运作的情形。这些相较于以上严重情形,具有天壤之别。那么,这些新时期的网络传销活动,是否可以归于这里的"其他"情节呢?这是值得斟酌和思考的。

### (三) 有关最高量刑的问题

组织、领导传销活动罪最高量刑是多少?会判决无期徒刑或死刑吗?《刑法》第224条之一作了规定。其规定了5年以上有期徒刑,那么,最长是多少?根据刑法关于有期徒刑幅度的规定,应是15年,也就是说传销犯罪最高量刑是15年。

组织、领导传销活动罪的量刑是以5年为中间线,情节严重的,在5年以上量刑。但是,随着时间的推移,网络犯罪的出现,情节严重的情形已经发生变化,这些变化超出了《办理组织领导传销活动刑事案件的意见》规定的内容,案件情况和结果也今非昔比。这些新出现的现象,值得我们认真思考和斟酌。

## 第三节　关于罚金和没收财物的问题

罚金问题是传销犯罪量刑的重要内容。组织、领导传销活动罪属于经济犯罪领域的一项罪名，排列在我国刑法理论学科分则第三章"破坏社会主义市场经济秩序犯罪"第八节"扰乱市场秩序罪"里。经济犯罪领域都涉及判处罚金问题。组织、领导传销活动罪，当然也不例外。

### 一、罚金问题

《刑法》第 224 条之一在后面部分规定了量刑："处五年以下有期徒刑或者拘役，并处罚金；情节严重的，处五年以上有期徒刑，并处罚金。"其中，以 5 年为中间线，5 年以下需要判处罚金，5 年以上也要判处罚金。

笔者认为，这是与罪名性质和侵犯的客体相对应的。组织、领导传销活动罪侵犯的客体是双重客体，一是扰乱了国家的社会和经济秩序，二是侵犯了他人的财产所有权。从刑法分则上列明的两项客体来看，都应属于判处罚金型的。扰乱经济秩序需要判处罚金刑，侵犯他人财产所有权，刑法上也规定应判处罚金。

罚金，属于财产刑的一种，在刑法中是一种附加刑。刑法没有具体规定各项罪名中罚金的数额，只有原则性的规定。《刑法》第 52 条规定："判处罚金，应当根据犯罪情节决定罚金数额。"根据该条规定，罚金数额应当与犯罪情节相适应。也就是说，犯罪情节严重的，罚金数额应当多些；犯罪情节较轻的，罚金数额应当少些，这是罪刑均衡原则在罚金裁量上的具体体现。在裁量罚金数额时是否应考虑犯罪人缴纳罚金的能力，刑法没有明确规定，但 2002 年 11 月 15 日最高人民法院《关于适用财产刑若干问题的规定》第 2 条规定："人民法院应当根据犯罪情节，如违法所得数额、造成损失的大小等，并结合考虑被告人缴纳罚金的能力，依法判处罚金。"由此可见，在司法实务中，从有利于判决执行的角度出发，在罚金裁量的时候，应当考虑被告人缴纳罚金的能力。

## 二、没收财物问题

没收财物问题是近年来组织、领导传销活动罪案件中比较突出的问题。尤其对于冻结账户，将账户内资金判决没收，更是有一定争议。由于传销犯罪案件涉及面广、牵扯人数众多、人员所处地域不同。特别是网络传销犯罪当下，人员更是分布在全国各地。这就导致了公安机关在侦办传销犯罪案件时，要在全国范围查封账户。

### （一）冻结账户和判决没收问题

公安机关侦办传销犯罪案件有一个比较突出的现象，就是大面积的冻结涉案账户。侦查部门担心涉案人员一旦采取刑事强制措施，或者收到案件侦办的信息后，将资金转移，则会导致资金无法追回的情况。因此，会在案件采取强制措施之前，大量跨地区冻结账户内资金。冻结的数额十分惊人。

笔者观察，侦查部门会冻结三个层面的涉案人员的资金账号。一是直接涉案的犯罪嫌疑人和次要犯罪嫌疑人的账号；二是冻结与犯罪嫌疑人有交往的或资金"双向"来往的"证人"的账号；三是冻结与犯罪嫌疑人交往的"证人"之外的和"证人"有交往的人员账号。因此，冻结量很大，多则几百个账户，有时甚至达到几千个账户。

例如，笔者在办理由湖南某市公安机关侦查的"云讯通""王者归来"组织、领导传销活动罪案件时,侦查部门就冻结了600多个账户。后面由于我们提出相关申诉,案件得到省人民检察院侦查监督处督办,由郴州市人民检察院和区级人民检察院启动两级侦查监督程序,经与公安机关多次会商、沟通,最终才确定将300多个账户予以解封,达到了案件申诉预期和成效,有效地缓解了案件中有关民营企业的经营资金压力。

由此引出一个问题:如果经依法侦查查证属实系直接涉案的犯罪嫌疑人,那么冻结账户,判决没收,也就罢了。但是,与犯罪嫌疑人有过交往或有过账户来往的"证人"资金也在冻结和判决之列,是否超过了冻结的范围?还有,与犯罪嫌疑人交往的"证人"之外的和"证人"有交往的人员账号也在冻结之列,是否也超过了冻结的范围?这些,都值得我们讨论和研究。

2013年9月1日《公安机关办理刑事案件适用查封、冻结措施有关规定》第2条第(二)项规定:"本规定所称涉案财物,是指公安机关在办理刑事案件过程中,依法以查封、冻结等方式固定的可用以证明犯罪嫌疑人有罪或者无罪的各种财产和物品,包括:(一)犯罪所得及其孳息;(二)用于实施犯罪行为的工具;(三)其他可以证明犯罪行为是否发生以及犯罪情节轻重的财物。"该规定第3条第(一)项规定,"查封、冻结以及保管、处置涉案财物,必须严格依照法定的适用条件和程序进行。与案件无关的财物不得查封、冻结。查封、冻结涉案财物,应当为犯罪嫌疑人及其所扶养的家属保留必要的生活费用和物品。"

根据此规定,涉案财物属于查封和冻结之列,应被查封和冻结;不是涉案、无关的财物,不得被查封和冻结。那么,什么才是涉案?即上述的3种情况,其中,第3种"其他可以证明犯罪行为是否发生以及犯罪情节轻重的财物","其他"内容较为灵活,可谓范围和外延可大、可小、可宽、可窄。如果将外围的"证人",或者是将"证人"之外的"第三圈人员"账户,也予以冻结和没收了,那么,势必打击范围太大、影响面过广,不利于保护民营企业家和促进民营经济健康发展。因此，笔者认为，对于什么是"涉案"，以及如何对涉案账户冻结和判决没收，应该有更明确和进一步的立法。

(二) 个人财产和共有财产问题

判决没收个人财产问题，应当区分被告人个人财产和家庭财产，以及和他人共有财产。

根据《刑法》第59条的规定，没收财产的范围应当从以下三个方面加以确定：

(1) 没收财产是没收被告人个人所有财产的一部或者全部。所谓被告人个人所有财产，是指属于被告人本人实际所有的财产及与他人共有财产中依法应得的份额。应当严格区分被告人个人所有财产与其家属或者他人财产的界限，只有依法确定为被告人个人所有的财产，才能予以没收。至于没收财产是一部还是全部，应考虑以下几个因素：被告人所处主刑的轻重，其家庭的经济状况和其人身危险性大小。

(2) 没收全部财产的，应当对被告人个人及其扶养的家属保留必需的生活费用，以维持被告人个人和扶养的家属的生活。

(3) 在判处没收财产的时候，不得没收属于被告人家属所有或者应有的财产。所谓家属所有财产，是指纯属家属个人所有的财产，如家属自己穿用的衣物、个人劳动所得财产。家属应有财产，是指家庭共同所有的财产中应当属于家属的那一份财产。对于被告人与他人共有的财产，属于他人所有的部分，也不得没收。

(三) 财产没收问题

一些犯罪嫌疑人或被告人家属，均会问到律师，为什么非法吸收公众存款罪和集资诈骗罪，被害人是可以要求办案机关予以退回投资款，或者提起刑事附带民事诉讼的，要求法院依法判决被告人将钱款退回给被害人。而在组织、领导传销活动罪中，办案机关均没有将冻结和查封的财产依法退回被害人，这是为什么？对于这一块，目前还没有非常明确的解释。笔者认为，组织、领导传销活动罪，有其特殊性。

首先，加入传销组织的参与人员，交纳入门费后，就没有想着要求组织给予退回来，而是参与到组织，将钱款投放到组织的经营之中，或者是将钱投放到经营模式运营之中。而非法吸收公众存款和集资诈骗罪，犯罪嫌疑人或被告人，当初就是打着吸收本金、给予利息之旗号，与被害人签订了投资赚取利息的协议，或者是参与到某个项目中，给予投资回报的合同。被害人从一开始，就有着收回"投资"款和利息的预期。案件发生后，案情涉及"非法吸收公众存款""集资诈骗"犯罪，但是，民事投入本金和利益的预期，民事退回关系还是没有改变的。

其次，"非法吸收公众存款"和"集资诈骗"都有非常明确的被告人，也就是有着资金去向明确的收取人和用取单位。而组织、领导传销活动罪中，对于资金去向没有明确的收取人和用款单位。传销犯罪中，收取资金的人可以说是一种平台或某种模式，参与人员又通过这种平台或模式，再去引诱和胁迫他人参与，继续发展另外的人参加。因此，这种模式加入了更多的经营性，参与人员也是经营人员。这里，就是前面所提到的传销活动犯罪中，没有真正的被害人，被害人也不认为自己是真正的被害了。笔者认为，是有这样的共同经营成分在里面。

组织、领导传销活动罪既属于财产类型犯罪，又属于扰乱市场经济秩序和社会秩序犯罪。其中，关于判决罚金，是很多罪名的共性问题。关于冻结账户和判决罚没款问题，是当今网络时代背景下，网络传销犯罪一个比较突出的问题，穿插着各种利益关系，也不是一时就能够解决的问题。从我们办理的某公安局侦办的"云讯通""王者归来"涉嫌组织、领导传销活动罪案来看，犯罪嫌疑人或被告人家属委托律师，参与案件代理或辩护，对于自己的财产权利争取具有很大的帮助。权利往往都是争取回来的。

# 第六章　从实务中看传销犯罪的有效辩护

# 第六章　从实务中看传销犯罪的有效辩护

## 第一节　"云数贸""五行币"案

### 【关键词】

组织、领导传销活动罪，传销组织扩大，有效辩护，缓刑

### 【案情简介】

被告人祝某某，男，汉族，贵州省某某县人，个体户；

被告人付某某，女，汉族，贵州省某某市人，个体户；

被告人钟某，女，汉族，贵州省某某市人，退休职工。

2016年3月15日，犯罪嫌疑人周某、刘某某（两人均为某市人，在侦查阶段经辩护，变更强制措施为取保候审），应陈某某邀请，来到宾馆住下来，和陈某某的一些亲朋好友进行交谈。次日，周某、刘某某通过电话邀请了长期在贵州生活和工作的贵州籍被告人付某某来到某县，也住进了该宾馆，与陈某某等人进行沟通和交流。

2016年3月16日，某县公安机关将付某某、周某、刘某某进行抓获，认为她们在宾馆内，涉嫌对传销组织"云数贸""中国某某建业联盟"进行宣讲和开展传销活动。2016年5月5日，某某县公安机关通过网上通缉手段，将被告人钟某、祝某某抓获。不久，通过网上通缉将犯罪嫌疑人蒋某（刑事拘留后经辩护被取保候审）抓获。

根据某县人民检察院指控：2015年5月14日，被告人祝某某加入名为"中国某某建业联盟"的传销组织，该组织要求会员缴纳一定的会费成为会员并获得750个电子币（虚拟货币），之后可以发展下线，每人最多可以发展两个下线（每人最多可以购买3单）。在交纳费用并成为新会员后，即获得"中国某某建业联盟"在互联网上的一个网站账户，登录账号输入账号密码，就可以实现会员操作。新会员只要推荐一个人加入该联盟，就能得到750个电子币的20%，即150个电子币；推荐两个人加入就能得到300个电子币，每个会员最多能直接推荐两个人加入。名下推荐人数满两人就实现了"两两对碰"，另外获得750个电子币的60%，也就是450个电子币，如此累加。

该传销组织成员通过电子币转为报单币的形式，将自己发展会员抽提成所得的电子币卖给其他会员或者新加入会员，从而实现了电子币向人民币的转换。为了更好地让会员接受并推广"中国某某建业联盟"，被告人祝某某发送大量推广"中国某某建业联盟"的微信视频、语音、图片给下线会员。被告人祝某某发展了其中的下线之一蒋某，蒋某发展了下线会员之一被告人钟某，钟某发展会员之一被告人付某某。

公诉机关指控认为，被告人祝某某、付某某、钟某加入并积极宣传名为"云数贸""中国某某建业联盟"传销组织，要求参加者以缴纳费用获得会员资格，并按照一定的顺序组成层级，直接以发展人员的数量作为返利依据，引诱参加者继续发展他人参加，扰乱社会经济秩序。其中被告人祝某某直接或者间接发展下线人数超过1万人，层级为多级，涉案金额达17 798 300元，对该组织的扩大起关键作用；被告人钟某加

# 第六章 从实务中看传销犯罪的有效辩护

入并积极宣传"中国某某建业联盟"传销组织,直接或者间接发展下线1000余人,层级为多级,涉案金额达182 760元,对传销组织的扩大起关键作用;被告人付某某加入并积极宣传"中国某某建业联盟"传销组织,直接或者间接发展下线1000余人,层级为多级,涉案金额达7 396 900元,对传销组织的扩大起关键作用。他们的行为均触犯了《刑法》第224条之一,应当以组织、领导传销活动罪追究其刑事责任,提请法院依法判处。

## 【辩护意见】

我们根据家属委托,参与了全案的辩护,共安排了6位律师(张元龙、龙元富、戴剑敏、顾宁、唐柏成、吴海涌律师,由张元龙主任领队)担任了6位犯罪嫌疑人的侦查阶段和审查起诉阶段辩护人。经律师尽职尽责、厘清关系和争取边界,取得明显辩护效果,一人(蒋某)在公安侦查阶段取保候审;两人(周某、刘某某)在审查起诉阶段,检察院作了不起诉决定;最后,祝某某、付某某、钟某三人移送起诉到人民法院,律师事务所分别指派了三位律师担任被告人祝某某、付某某、钟某的辩护人。

本案主要辩护意见如下。

### 一、三位被告人不是本案涉嫌传销活动的真正组织者、领导者

(一)"中国某某建业联盟"不是被告人成立和经营的

"中国某某建业联盟"早已存在,2013年即已发展、存续和经营。

(1)被告人祝某某是在2015年因一次偶然机会,经朋友介绍加入该联盟。加入联盟是考虑到其确实是为老百姓着想,牟取福利。他要打造的是中华民族互联网,让人人成为股东,响应国家号召大众创业、万

众创新的政策。加入后也没有给国家带来坏处，给他人造成负担。祝某某加入后才介绍蒋某加入，后蒋某介绍了钟某、付某某加入。

（2）经营活动的线上电脑网络版，不是三位被告人开发、统计和操纵的。"中国某某建业联盟"经营活动重要的特征就是存在网络版线上的平台和手机 APP。但这些是如何开发的，数据从何而来，三位被告人是不知情的，也不会使用。三位被告人文化程度不高，无法运营和组织如此大的工程开发和系统运营活动。

（3）电子币不是由被告人发行，也不由他们掌控。本案另外一个重要特征就是存在内部使用、流通和结算的电子币，即"云数贸""五行币"。而"五行币"是三位被告人发明的吗？是三位被告人进行统计和结算的吗？显然不是。

（4）没有进行宣传、培训和讲课活动。"中国某某建业联盟"的经营活动，完全是自愿参加、自主决定，公司不组织集中培训、上课，也没有将大家召集在一块进行宣讲。就是凭着大家彼此信任，一对一的口述。不存在讲课和培训，只是一对一的口述交流，是人与人正常的信息传递，这既不是欺骗也不是引诱活动。

**（二）按《办理组织领导传销活动刑事案件的意见》的规定本案被告人不是真正的组织、领导者**

从三位被告人的行为上看，他们对"中国某某建业联盟"经营活动并不享有组织、策划、决策和操纵的权利，不是该组织活动的核心人员；也没有进行相应的公开宣讲、培训和上课活动。根据《刑法》第224条之一以及《办理组织领导传销活动刑事案件的意见》第2条内容，对于传销活动犯罪什么才是组织、领导者，有着常见的三种情形：（1）在传销活动中起发起、策划、操纵作用的人员；（2）在传销活动中承担管理、协调等职责的人员；（3）在传销活动中承担宣传、培训等职责的人员。除去"等"字的内容无明确依据外，这三种情形，他们都不符合。因此，可以说这三位被告人不是本案所指控传销活动犯罪的真正组织者、领导者。

## 二、被告人对传销组织的扩大未起关键作用

（一）被告人没有对他人进行培训

两位被告人没有组织他人进行上课、培训和宣讲活动。"中国某某建业联盟"的加入完全凭自愿、自主决定，可入可退，不用经营和太多操心。大家进行的也就是一对一的口述交流，属于人与人之间正常的信息传递。这不构成我国两高一部关于传销活动案件适用法律若干意见中第2条"宣传、培训"的内容特征。

（二）钟某没有发展付某某为下线

钟某与付某某没有任何金钱来往，付某某没有转账过一分钱给钟某账户，钟某也没有任何的电子币给付付某某。付某某是绕开钟某向上级购买电子币，开展业务活动。付某某实际上不是钟某发展的下线，钟某也没有发展付某某为下线。而是因为付某某曾经向钟某借过钱，还欠钟某的钱，因此，上级蒋某将付某某安排挂名在钟某名下。安排到钟某名下与实际是钟某发展的下线，完全是两回事，不能将这两者等同。

## 三、侦查机关没有对钟某发展的下线人员一一对应取证

钟某名下两个人，一位是作为自己大区的付某某，另一位是作为自己小区的自己儿子。起诉书所指控钟某发展了下线人数达1000余人，这些数字不知是从何得来的。付某某发展人数，如前所述，这与钟某没有关联，不能认定为钟某下线人员，钟某也没有得到任何好处。至于，

钟某小区下面儿子的名字，是钟某自己掏钱将儿子，还有一些亲戚、朋友挂在自己的名下，但是这些亲戚、朋友都不知情，实际没有发展亲戚、朋友为下线人员。是钟某自己为做大业绩虚报数字。但是，公安机关侦查部门没有找他们做核实调查取证，有个别核实时，他们是明确否定的（见侦查案卷证人部分）。

**四、本案电子证据的取得有重大违法，依法应当予以排除，不能被采纳**

本案中，公安机关侦查人员调取的大量由祝某某、付某某和钟某手机下载的微信聊天内容截图，以及通过电脑下载的网络版信息内容和手机APP信息，都没有经过符合法律要求的取证程序。只是由侦查人员自行下载，没有制作提取的笔录，没有见证人在场，提取的过程没有当着被告人的面。根据2016年发布的《关于办理刑事案件收集提取和审查判断电子数据若干问题的规定》的相关内容，"收集、提取电子数据应当由专业人员进行，并制作提取笔录和见证人在场见证等程序规定"。因此，本案所调取的电子数据存在取证不当，不符合该若干意见规定，属于非法证据，应当予以排除。

**五、被告人无主观犯罪故意**

"中国某某建业联盟"宣传的宗旨是打造民族互联网，让人人都能成为股东，实现伟大复兴中华梦想，普通老百姓对这一宏大的宗旨的真伪无法认知和判断。他们认为做的事就是好事、是利国利民的、是应当予以倡导的。另外，公司开展的一些表彰和奖励活动都在北京，甚至进入全国政协部门礼堂，还有个别的省部级以上高官离退休人员参加。这样的规格，这些只有初中文化的老百姓能判断得出其是传销吗？此外，在这个过程中,一直也没有任何相关单位或部门对他们进行前期调查和查处,如果先前有过查处和警告通知,那么他们也能判断或被提醒这是传销活动。但是本案没有,到目前为止,这是第一次被公安机关立案侦查和采取羁押措施。因此,从这些情况来看,他们是没有组织、领导传销活动罪的主观犯罪故意的。

## 【判决结果】

某某县人民法院作出了一审判决。被告人均表示服从判决,不上诉,判决如下:

被告人祝某某判处有期徒刑3年,缓刑4年,并处罚金80万元;

被告人付某某判处有期徒刑3年,缓刑3年,并处罚金30万元;

被告人钟某判处有期徒刑9个月17天,并处罚金10万元。

## 【裁判文书】

法院认为,"中国某某建业联盟"系未经企业登记注册的组织,被告人祝某某、付某某、钟某加入后积极宣传推广该组织,要求参加者以缴纳费用获得会员资格,并按照一定的顺序组成层级,直接以发展人员的数量作为返利依据,以获取原始股权,待上市后可高额回报,引诱他人参加并继续发展他人,扰乱社会经济秩序。其中被告人祝某某发展层级为多级,组织、领导的参与传销活动人员累计达120人以上(起诉书上指控1万余人,均没作认定),传销资金累计达17 798 300元,对该组织的扩大起关键作用;被告人钟某发展层级为多级,组织、领导的参与传销活动人员累计达120人以上(起诉书上指控1000余人,均没作认定),传销资金累计达182 760元,对传销组织的扩大起关键作用;被告人付某某发展层级为多级,组织、领导的参与传销活动人员累计达120人以上(起诉书上指控1000余人,均没作认定),传销资金累计达7 396 900元,对传销组织的扩大起关键作用。被告人祝某某、付某某、钟某的行为已构成组织、领导传销活动罪。公诉机关指控罪名成立，本院予以支持。三被告人虽然为上下线关系，但在组织、领导他人参与传销时有生意人承接作用，构成共同犯罪。因三被告人不是"中国某某建业联盟"该组织的发起、策划和操纵者，但是根据现在证据查实的案情，可以认定三被告人为从犯，应当减轻处罚。对于三位辩护人提出被告人有理、正当的辩护意见，已经采纳。对已冻结的涉案账号赃款予以没收，扣押在案的涉案笔记本予以收缴。

## 【案例评析】

### 一、被告人是否为传销活动的组织、领导者，是本案的争议焦点和辩护要点

组织、领导传销活动犯罪适用法律时，首先适用《刑法》第224条之一，再适用《办理组织领导传销活动刑事案件的意见》第2条"下列人员可以认定为传销活动的组织者、领导者"条款指向的三种人员。一旦适用，在量刑上肯定有三年以上有期徒刑，根据起诉书中指控数额，三位被告人的量刑均会在5~7年有期徒刑。因此，被告人是否是组织、领导者事关重大，来不得半点马虎。辩护人着手准备了两方面的工作：

一方面，与公诉人保持良好的沟通。由于公诉人通常是首次办理此类案件，只能边摸索、边办案、边拿意见。因此，辩护人与公诉人前期良好沟通，引导其思维，避免其先入为主，以致辩护方陷入不利局面。该案我们就是做好了前期良好的沟通工作，步步有交流，使得公诉人认同了辩护人的观点。

另一方面，引导公诉人思维往辩护人思维上靠拢。三位被告人根据案件在案的证据证明内容来看，首先不属于《办理组织领导传销活动刑

事案件的意见》第 2 条之常见三种情形，而是适用《办理组织领导传销活动刑事案件的意见》第 2 条第（五）项"其他对传销组织的扩大，起着关键作用的人员"的情形。这样定性，他们就不再是传销活动真正组织、策划和操纵者，而是降到了对组织的扩大起着关键作用之人。为案件辩护量刑为 3 年以下有期徒刑，做足准备工作。

## 二、对传销组织的扩大是否起着关键作用成为辩护要点

在认定被告人不是传销活动真正组织、策划和操纵者，而是降级到对组织的扩大起着关键作用之人后，辩护人还得提出意见。由于传销活动犯罪在具体认定案件事实和适用法律上，存在边界不够清晰、界限不明确的特点，辩护人可以通过强有力的辩护使得审判人员对一些问题认定上信心不足（否则辩护人必然上诉，引起二审或发回重审，这些意见必然向法官表明）。那么，辩护人在具体辩护要点上，有非法证据排除问题、有电子数据取证不当应当排除问题、有他们无主观犯罪故意问题、有下线不是其真正发展人员问题等。通过这些辩护，使得法官在模糊不清、难以认定时，作出有利于被告人的判断和适用解释。

## 三、对传销组织下线人员的取证是辩护要点

该案中存在一个问题，就是侦查人员到贵州省等地调查被发展的下线人员、录取口供、取得证据时，被调查人多不配合。被调查人要么说不是钟某发展的下线人员，要么不说话。因此，可以据此推断，被告人钟某在法庭上的陈述是真实的。就是钟某为做大业绩，自己掏钱为亲戚、朋友购买，虚报数字用作充数，亲戚朋友都不知情或实际也没有被发展为下线。那么，这样就不能证明钟某实际发展了多少下线人员。

**【律师建议】**

侦查机关在对一宗案件以组织、领导传销活动罪进行立案侦查，并对有关人员采取刑事拘留措施时，肯定是已经查证了存在叠加人头"有三层三十人"这个最基本的立案条件的，那么争议点和辩护要点在哪里？笔者认为，辩护人应看传销活动是否有实实在在的产品。对于有产品销售型传销活动的，应从是传销还是直销进行辩护，也即"案辩"；对于无产品销售型的，也即我们常说概念项目型，那"案辩"方面很难成立，则转移到"人辩"着手。就是针对被告人在其中的行为，其行为与传销活动的因果关系、关联密切程度进行辩护。

对于"人辩"，先要从行为上寻求辩点，主要是看行为人在经营活动中是否是真正的组织、领导者。根据《办理组织领导传销活动刑事案件的意见》规定，判断其是否具有第2条所列常见的三种情形：发起、策划、操纵作用的人，承担管理、协调职责人，承担宣传、培训职责的人。具体是否属于这三种人员，在证据和证据所证明事实以及法律适用上，我们需要认真厘清，争取到边界，尽量往不是上靠拢和寻求辩点。最后，从结果上看是否真达到了三级30人、侦查机关取证是否到位、证据是否做到了确实充分。例如，笔者上面所讲到的行为人存在虚报数字，为做大业绩，自已掏钱购买，实际没有发展那么多人的问题。那么，这些都会成为非常有利的辩护要点。

## 第二节　"湖某某"公司"团队计酬"活动

**【关键词】**

计酬或返利依据建立在销售商品业绩上，团队计酬，层级和人数

# 第六章 从实务中看传销犯罪的有效辩护

**【案情简介】**

2014~2017年，被告人蒋某某、叶某某、曾某某、谭某某等人（共32人）以销售某某生物公司产品为名，要求参加者缴纳600~12 000元不等的费用成为会员，并按照一定顺序组成层级，直接或间接以发展人员交纳费用作为获得返利和计酬的依据，引诱参加者继续发展他人参加，扰乱经济社会秩序。蒋某某、叶某某、曾某某、谭某某等人要求参加者成为会员后，会员再通过发展其下线达到一定的数量和业绩便可逐级晋升获利。该传销团伙组织级别由低到高依次为会员、经理、总裁、董事、首席。且该传销组织以级别越高提成越高的方式诱导传销人员不断拉人进入该传销组织，有排队奖、市场开发奖、重复消费奖、管理津贴四种获利模式，意味着发展的下线会员越多，获利就越多。该传销组织在本市多处设有工作室，不定期组织讲师对会员进行培训授课。以蒋某某、叶某某、曾某某、谭某某为首的三个传销组织分别发展其他人员加入，形成上下线关系，并且以下线的销售业绩为依据计算和给付上线报酬，牟取非法利益。

经查证，以蒋某某为首的传销组织包括曾某某等人（此处省略12人名字）；以叶某某为首的传销组织包括覃某某等人（此处省略11人名字）；以谭某某为首的组织包括代某等人（此处省略5人名字）。2017年4月29日，公安机关将蒋某某等犯罪嫌疑人抓获归案。破案后，根据微信报单信息等统计出杨某某等人直接或者间接发展人员的人数、层级数。具体统计数据如下：（1）蒋某某下线有355人，18层级；（2）叶某某下线有504人，12层级；（3）曾某某下线有306人，18层级；（4）谭某某下线有232人，9层级；此处省略28人名字以及下线人数和层级。

认定上述事实的证据包括现场勘验材料，到案经过等书证，证人证言，手机、电脑等物证，被告人杨某某等32人的供述。

## 【辩护意见】

关于被告人罗某某在东莞地区销售"湖某某"公司产品,被控构成组织、领导传销活动罪一案,辩护人经查阅案件材料和会见被告人,经过开庭审理认为:"湖某某"公司在东莞地区组织人员运用公司开发的 APP 进行销售、管理、服务和运营"湖某某"公司的产品,计酬或返利依据建立在销售产品的业绩上,而非依据人员数量增加上。运营中,虽然伴随人员数量的增多,但不是最终的目的和结果。其最终目的和结果是为销售物美价廉、货真价实、物有所值的产品。人民检察院起诉书指控被告人销售环节的案件事实,其实就是"团队计酬"形式的传销活动。这种传销活动是受行政法调整和约束的,尚未上升到犯罪和通过刑法评价的程度。

在个人上,被告人罗某某被控组织、领导传销活动罪的核心构成要件事实"层级和人数"无法查清,其行为尚未达到传销活动罪中组织、领导者身份。其在案中所涉"董事"头衔是蒋某某给她的"称谓",并非真正做到的业绩;其行为与组织、领导传销活动犯罪关联程度小,尚未达到有罪的程度。请求审判长、审判员、陪审员依法审查,建议对其作出无罪之判决。

具体辩护意见分述如下:

(1)本案指控的犯罪事实,尚未达到《刑事诉讼法》第 53 条规定的事实清楚、证据确实、充分标准的要求,合理怀疑无法排除。其中,对于组织、领导传销活动的层级和人数问题,一直是本案无法查清和查实的内容。

第一,在庭审调查阶段,审判长、审判员即对起诉书上列明的被告人层级和人数数据问题提出了质疑,询问公诉人,为什么起诉书审查查明主犯蒋某某的下线人员 355 人,有 18 层级,而作为他下线的其他人员的下线数量反而高过他?如倪某某下线 631 人、18 层级,尹某某下线 589 人、16 层级,还有更离谱的陈某某下线 1335 人、31 层级,这些

## 第六章　从实务中看传销犯罪的有效辩护

列为下线的人数和层级却比上线，也就是起诉书上的主犯蒋某某的还要多和高，这是怎么回事？这与组织、领导传销活动罪的"金字塔"状计酬层级和人数关系不相符的。公诉人在法庭上哑口无言，不能作出合理解释。

第二，在庭审进入辩护阶段公诉人发表公诉词时，没有对"案件事实清楚，证据确实、充分"发表公诉意见，而是绕开和回避了事实清楚的最后陈述，只是说交由法庭来调查和查实。与此同时，辩护人再次提出了传销行为事实严重不清楚，证据远未达到确实、充分，重大疑点无法排除。这些意见，法庭应该是有全程录像、记录在案的，而且审判人员心里是清楚的。

第三，虽然法庭对于案件审理经由检察院提出了延期审理，但是检察院并没有提供和补充新的证据。如果公诉人有提出新的证据，应该是要经过法庭调查和质证，才能作为定案的根据。但是，本案没有。我们辩护人也没有收到法庭的质证通知。因此，案件审理到目前阶段，证据内容和法庭最初审判时是一样的，仍然是不确实、不充分的。

（2）公诉方指控的案件事实所指向的销售模式其实就是"团队计酬"销售活动，计酬或返利依据是建立在销售商品的业绩上，而非人员数量增加上。"团队计酬"活动，受行政法调整和约束范围，尚未上升到犯罪程度。请求法庭依法审判查明。

根据现有的案卷材料，被告人供述和辩解、被害人陈述、证人证言，以及两天的庭审活动，被告人供述均指向一个不可否认的事实，那就是他（她）们是按照"湖某某"公司开发的手机软件APP和销售管理制度，销售"湖某某"公司的产品。这些产品是经过某某公司正规生产，有产品合格证、出产标识，正规检验合格，以及销售时开立正式发票。而且产品市场反映普遍较好，货真价实、物美价廉和物有所值，同时有退货保障机制。这些产品的价格和价值相符，没有虚高和抬高价格销售。

首先，从案件中的言词证据来看，本案均指向销售公司正规的产品。同时，这些产品客户的体验是物美价廉、货真价实、物有所值的，而非骗人的道具。这是指控方也无法否定的事实。

其次，他们始终围绕公司的产品开展系列活动。主要是通过和围绕公司开发的网络 APP 进行销售、管理、服务和结算，他们没有另外开发或创设一种自己的平台，也就是说他们的行为就是公司行为的一部分，同时，都是围绕销售产品进行的。

然后，销售平台计酬或返利的依据是销售产品的业绩。

有三方面可证明：一是，他们自己消费和购买很多的产品，而且不断的购买。随时间推移，自己在累积购买商品或代家人购买商品进行消费活动。为什么自己不断购买？那是因为商品确实是好用、价格实惠、物有所值。而这个计酬或返利依据是建立在"销售产品业绩"上，还是建立在"人员数量增加"上的最主要的区别。二是，建立在人员数量上的传销，人们通常只消费一次，其他的是通过发展其他人加入购买，从而实现利润的增加。而本案不是，本案不完全或主要依赖于人员数量的增加，而主要是自己消费一大部分；三是，虽然在销售产品中也伴随人员数量的增加，但是只要是商业模式都会有这种人数的增加。而本案这种人员数量的增加是因为产品好用，是以销售产品为主线、为主因，而不是单单靠人去拉人头发展得来的。同时，人员数量增加，不是模式追求的最主要和最终的结果与目的，最终的结果和目的还是在于销售公司正正规规的产品。因此，他们的计酬或返利依据是建立在销售产品的业绩上，而非建立在人员数量增加上。

再次，他们销售的产品价格和价值相符。他们销售的产品，没有价格虚高、没有象征性销售、没有挂名销售、没有假名销售，而是实质销售，销售实实在在的、正规的产品。同时，利润空间不高，所得到的利润，用于公司研发产品，更好的创建新的、符合市场需求的产品。

最后，公司已经申请了直销牌照，正在国家商贸部审批之中，外面的销售活动，也还在继续。目前在市面上，公司还在销售产品，而且销售得较好。据我们了解，"湖某某"公司其他东莞团队，在某些地方还进行同样的销售活动，也举办同本案一样围绕销售有关的培训等。同时，他们的销售活动也还是按公司的APP模式进行着。如果这样的模式真有问题，那么还能这样开展下去吗？那不早被公安部全部予以查处了吗？至于公司在运营过程中，如果部分或个别团队存在不尽人意的地方，可以通过企业内部整改、以有关行政部门监管等予以改善，因此，本案"湖某某"公司涉案的销售模式，其核心计酬或返利的依据是建立在销售产品的业绩上。根据《办理组织领导传销活动刑事案件的意见》第5条规定，就本模式是销售产品业绩的团队计酬式传销活动，这种传销活动属于行政法调整范畴，尚未上升到犯罪和刑法评价程度。

（3）关于被告人罗某某个人部分，其被指控组织、领导传销活动罪的核心构成要件事实（三级及30人）没有查清，指控的证据不确实、不充分。

根据现有的案卷材料，侦查部门对每一位被告人调查取证时，在讯问笔录后面均附有一份由侦查人员进入"湖某某"公司APP网站，通过被告人在里面的账号和密码下载的"HJWHB树结构图"，从而查证该成员发展会员情况，以及其下线层级和人数情况。

但是，本案我们多次会见罗某某，她陈述蒋某某个人聘请其为临时讲师，没有注册公司的账号和设定密码。有人加入的话，她只是代转一下和代办登记。因此，其没有正式发展下线人员。从现有材料看，侦查人员也无法在"湖某某"公司网络APP上，发现和下载其发展的下线层级和人数情况的"HJWHB树结构图"。

因此，本案罗某某没有正式发展下线人员，也没有在"湖某某"公司网络上注册账号和密码。公安侦查部门依据笔录本、手机微信记录、言词证据，也没有查实清楚其下线层级和人数情况。因此，其被控犯罪的核心构成要件事实仍没查清，明显属于证据不足。

(4) 真正的组织、领导者，模式设计者、策划者和资金去向掌握者，没有被追究刑事责任。

案件还有一个重大疑点，就是这些被告人都是用"湖某某"公司开发和设计的运营模式。如果说有罪，真正的管理者、操纵者、设计者和资金掌握者为什么没有被追究责任？

诸多被告人在法庭上和公安侦查笔录上均供述他们是用"湖某某"总公司开发的电脑 PC 版和手机 APP 软件，对销售的产品进行管理、服务和结算运营。他们用的管理和结算软件就是公司开发的，大家通过软件进行销售和结算。里面的层级和人数问题，也是由公司开发、设计和安排的。他们没有自创一套模式，也没有在公司模式上附加一套新的或自己的模式，一切都是按照公司的要求和模式操作行事。

同时，排在前面的几位被告人一直有到公司总部"湖某某"公司开会，按公司的指示和培训内容操作行事，没有域外特权。

另外，这些被告人销售某某产品的资金都是打入公司的账户，再由公司进行结算，给付计算的报酬。

如果说，这样的模式有问题、有罪，那么，公司模式的设计者、销售的操纵者和资金去向的掌握者，才是真正有问题的人，才是案件的犯罪嫌疑人或被告人。但是，为什么他们却相安无事，没有被追究任何责任？也可以这样推理，模式的设计人、操纵者和掌握者无事，那么这些被告人也相应是没事的，更不能被追究刑事责任。而今，他们却被关押了近两年。

(5) 罗某某的"董事"头衔，是蒋某某个人给予她的"称谓"，不是其真正担任了董事，请依法审查。

罗某某原本是东莞市某某中心小学的一名老师，2013 年自主谋业，注册企业从事合法经营。

①2014 年，罗某某注册了东莞市南城某某百货商店（个体工商户），主营化妆品代理和销售。2015 年，其将原个体工商户注销，并注

册成立了东莞某某文化传播有限公司。

东莞某某文化传播有限公司主营业务是代理多家公司化妆品和日用品的代理和销售。为此,东莞某某文化传播有限公司还与"湖某某"公司签订了《销售代理协议》(有相关协议原件),是一种销售代理合同。

②罗某某被控讲课只是临时客串,非公司专职讲师,同时只讲产品的使用和功效,不涉及其他内容。

2014年年底,罗某某认识了蒋某某。蒋某某认为罗某某是老师出身,形象好、口才佳、表达能力强。为了拉拢罗某某,让上课有公信力,就给予其一个"董事"头衔,但是没有经过公司正规授权和授牌,也没有在公司网络上注册,更不是真正做业绩做到的董事。

同时,罗某某主要讲的是某某公司产品的使用和功效(不涉及拉拢人等其他信息)。为此,蒋某某还会支付罗某某200元不等的劳务费作为报酬。

③罗某某与蒋某某之间的银行账户交易记录,是罗某某向蒋某某订货,用于自己使用和代为零售,向蒋某某支付货款,以及蒋某某向罗某某支付临时客串讲师的劳务报酬。

在罗某某个人材料案卷部分,有大量其与蒋某某的银行转账交易记录。辩护人经过仔细查看和比对,并没有结余,基本持平。罗某某在其中没有盈余,这与其陈述她没有赚取其他人(包含被控下线人员)的报酬和返利,以及供述"董事"是蒋某某为了方便其上课,给她的头衔,并非真正做到的业绩是一致的。

(6)刑法不能强人所难、加大打击面。

我国刑法一条重要的原则就是刑法谦抑性原则。刑法不能扩大打击面,强人所难,应贯穿谦抑性原则。组织、领导传销活动罪是可以由行政前置先行处罚的罪名,尤其是对于"产品销售型"传销活动,很可能就是没有申请国家牌照的"直销"或是"团队计酬"。这种传销本质是服务于实体经济的，如果能够让工商行政管理局先行调查，作出相应警告和处理，那样会促使企业更清晰明白地走向一条正确运营之路，及时"纠偏"。直接运用刑事立案抓人，势必加大了刑法打击面，和谦抑性原则不相符。另外，本案从目前情况来看，重大犯罪构成要件没有查明，事实不清楚，证据不确实、不充分。应当根据刑事诉讼法的疑罪从无、罪刑法定原则予以判决无罪。

综上所述，"湖某某"公司东莞片区使用公司开发的APP销售、管理、服务和运营"湖某某"公司的产品，计酬或返利依据建立在销售产品的业绩上，而非人员数量增加上。此模式虽然有着人员数量的增多，但这不是最终的目的和结果。最终目的和结果是为销售物美价廉、货真价实、物有所值的产品。人民检察院起诉书指控被告人案件事实，其实就是"团队计酬"形式的传销活动，这种传销活动是受行政法调整和约束的，尚未上升到犯罪和通过刑法评价的程度。

对于罗某某个人部分，其被指控构成组织、领导传销活动罪的核心构成要件事实更是没有查清，没有足够证据支持和证实。罗某某受蒋某某个人聘请担任了公司的临时客串讲师，大家都称呼她为老师。但是，从她设立的东莞某某文化传播有限公司与"湖某某"公司签订的销售协议等来看，罗某某与本案的组织、领导传销活动罪行为之间的关联程度非常小。因此，罗某某不构成组织、领导传销活动罪。本辩护人建议审判长、审判员、陪审员依法审查查明，勇于担当、崇良尚法、能对其作出无罪的判决或建议人民检察院撤回起诉处理。

### 【判决结果】

东莞市某某人民法院作出了一审判决。判决结果如下：

被告人杨某某（起诉书书列明的第一被告人）犯组织、领导传销活动罪，判处有期徒刑5年，并处罚金人民币20 000元；

被告人罗某某犯组织、领导传销活动罪，判处有期徒刑1年8

个月,并处罚金人民币 5000 元。

其他被告人被分别判处有期徒刑 2 年 6 个月、2 年 5 个月、1 年 8 个月、1 年 7 个月等刑罚(此处省略 30 位被告人的名字)。

**【裁判文书】**

法院对于案件的事实、各被告人辩解及其辩护人所提辩护意见,作了认定。法院认为,首先,该传销组织的经营模式不具有可持续性,具备"骗取财物"特征,属于庞氏骗局。该组织的经营模式是由组织、领导者以首次销售原价的三折购入"湖某某"公司产品,再以原价对新会员进行首次销售,变相以销售产品为名,而实际收取入会费,赚取其中 70% 的差价。这也说明了该传销组织利润来源不是会员的重复消费或道具产品的销售,揭示其盈利及资金的真实来源是变相收取新会员的入会费,经营活动不创造市场价值。其次,该组织存在虚假宣传、夸大经营项目、掩饰计酬或返利真实来源的现象。该传销组织在宣传时存在"绝不吃亏""取代淘宝""零投资零风险"夸大经营前景及盈利目标,以欺骗性话术包装其实际不可持续的经营模式,实现拉人头入会目的;存在虚假宣传产品资质、功效,以某产品可治疗某病为幌子虚假宣传产品、夸大产品功能等,其产品成本价远低于销售价,以高额的产品溢价变相收取新会员的入门费,掩饰其计酬及返利的真实来源。最后,本案符合传销组织实际以发展人员数量作为计酬或返利依据。该组织内部职级晋升及返利实质以发展下线的数量为依据;组织采用了四种计酬方式,主要目的是鼓励传销人员不断发展下线,新人必须注册为会员才能够购买商品,且通过推荐人员推荐才可以入会。因此,本案定性为各位被告人构成组织领导传销活动罪。

法院根据各位被告人在传销组织中所起的作用,认为被告人杨某某系最主要组织、领导者,发展的传销组织层级为 50 层级,且人数为 354 人;诸位被告人(此处省略 30 位被告人)发展人员的层级和人数情况；被告人罗某某是"湖某某"公司董事级别经销商，对其发展的传销团队、传销活动工作室进行日常管理，负责相关的培训会议，宣讲传销活动相关课程，发展了被告人陈某为下线，层级为17层级且达102人数等内容。

**【案例评析】**

本案中，被告人罗某某在东莞地区销售"湖某某"公司产品，被控触犯组织、领导传销活动罪，结合控辩双方意见，本案争议的焦点如下：

（1）被控传销活动组织的层级和人数问题是争议焦点与辩护要点。传销活动，根据其组织特性，存在人员利益之计酬或返利依据上有裙带式"金字塔"形态层级关系。但是，本案中控方起诉书中30多名被告人的层级和人数内容混乱，下级人员层级和人数超过上级人员的情况普遍，法院在庭审中都提出过质疑。后来经过庭审后，合议庭又邀请了原公安机关侦查人员与公诉人到法庭再次作核实，重新计算，近一年才作出判决。

（2）"湖某某"销售模式究竟是"团队计酬"经营型销售活动，还是以团队计酬为名，实际上以发展人员的数量作为计酬或返利之依据的组织、领导传销活动罪。根据《办理组织领导传销活动刑事案件适用法律的意见》第5条的相关内容，对于以销售商品为目的、以销售业绩为计酬依据的单纯"团队计酬"式传销活动，不作为犯罪处理。但是，该条在规定无罪的同时，又作了保留。对于形式上采取"团队计酬"方式，但实质上属于"以发展人员"的数量作为计酬或者返利依据的传销活动，仍以组织、领导传销活动罪定罪处罚。因此，这里的矛盾之处就是"团队计酬"是形式还是实质的问题。对于本案，被告人罗某某等人销售的是"湖某某"公司正规的产品，有产品合格证、出厂标识，经正规检验合格，销售时也开立正式发票。而且产品市场反映普遍较好，可谓货真价实、物美价廉，同时也有退货保障机制。但是，法院在最终认定上，认为案件中产品价格存在明显虚高，成本只是销售价格的三成。而如此低的成本，销售价中溢出部分就是变相的入门费了，隐藏了计酬或返利依据建立在人员数量的增加之上这一实质内容。此外，营销活动中存在虚假宣传、夸大经营项目前景的情况。该组织内部职级晋升及返利实质以发展下线的数量为依据；组织采用了四种计酬方式是为了鼓励传销人员不断发展下线，新人必须注册为会员才能够购买商品，且通过推荐人员推荐才可以入会。案件符合传销组织实际以发展人员数量作为计酬或返利依据。

（3）关于被告人罗某某被指控传销活动罪的层级及人数及起的作用大小问题是争议焦点。层级人数问题是构成组织、领导传销活动罪的主要构成要件。如果层级和人数问题没有达到，也可不构成犯罪。如果在传销活动组织中所起的作用比较小，可以相应从轻或减轻处罚。本案中被告人罗某某层级和人数问题，没有被确认，控方也没有提取被告人所处层级中的"HMM树结构图"，没能查证其发展会员情况。关于职务，罗某某供述是被公司聘请的临时讲师，没有注册公司的账号和密码等。当然，法院作出了判决，对这些问题作出认定。

# 第三节　第三方让利新型电子商务平台
## ——"云某某"商业模式

【关键词】

消费返利，入门费计酬，团队计酬，商品的价格与价值相符，第三方让利

## 【案情简介】

被告人唐某某，女，汉族，广东省某某县人，系"云某某"公司市场运营部副总裁；

被告人王某某，男，汉族，山东省某某市人。

"云某某"公司成立于2014年1月6日，法定代表人为黄某某，实际控制人为董事长黄某（另案处理）。黄某等人设计并开发了"云某某"商城平台，宣称在"云某某"商城消费能够得到消费金额100%的积分返还，即"消费全返"。"云某某"公司设定只有成为公司会员，才能享受消费全返。注册成为新会员必须要有推荐人推荐，参与人通过"云某某"商城注册需要填写推荐人注册ID，通过扫描推荐人的推广二维码也可注册成为普通会员，据此确定上下线关系。上下线不限层级，按推荐顺序可无限发展。公司规定会员级别由低到高分为普通会员、金钻会员、铂钻会员。普通会员可以缴纳9.9元升级为金钻会员，缴纳999元升级为铂钻会员。铂钻会员享有推荐所有会员的推荐权，推荐其他会员缴费升级后，会得到被推荐会员缴纳会费20%的现金奖励；金钻会员拥有推荐金钻会员、普通会员的推荐权，推荐其他会员缴费升级后，会得到被推荐会员缴纳会费20%的现金奖励；普通会员只能推荐普通会员，发展下线无提成。会员升级缴纳的费用归"云某某"商城管理和使用。"云某某"公司设立推荐奖等奖项，直接以发展人员的数量作为计酬和返利依据。同时，"云某某"公司通过网站、微信、培训会、商学院授课等途径宣传壮大发展。截至2017年12月31日，在全国范围内发展会员达到680余万人。

被告人唐某某为"云某某"公司创始人之一，其自"云某某"公司创始时即担任公司讲师，在全国范围内讲课，推广、宣传"云某某"商城平台，推荐他人加入。其每年在全国各地讲课数十次，对外宣称"'云某某'注册第一人"。其在演讲中推广"云某某"商业大系统，通过出示其推广二维码让他人扫码注册等方式推荐他人注册加入"云某

## 第六章 从实务中看传销犯罪的有效辩护

某"商城,以获取推荐奖等奖励。2017年初,唐某某被"云某某"公司任命为市场运营部副总裁,协助总裁黄某某管理市场运营部。经公安局委托,广东某某司法鉴定所鉴定,被告人唐某某在"云某某"商城平台的下线总人数为5 285 496人,直接下线人数399人,下线层级109层,其中普通会员下线数4 539 138,金钻会员下线数98 816,铂钻会员下线数6446。在平台提现总金额330 470元。其发展的铂钻会员、金钻会员,共向"云某某"公司缴纳入会费653 372 573.4元。

被告人王某某于2015年11月1日注册成为"云某某"商城平台铂钻会员,其成为铂钻会员后,在其经营的店铺中播放"云某某"商城平台宣传片,并向顾客讲解、宣传"云某某"平台,推荐、发展他人加入"云某某"商城平台,同时负责入会会员账号的管理、提现工作。经鉴定,被告人王某某在"云某某"商城平台的下线总人数为732人,直接下线人数67人,下线层级7层,普通会员下线数644,金钻会员下线数15,铂钻会员下线数7。在平台提现总金额5389元。其下线的铂钻会员、金钻会员共向"云某某"公司缴纳入会费5424.5元。

案件由某某市公安局某某分局侦查终结,以被告人唐某某、王某某涉嫌组织、领导传销活动罪,向法院移送审查起诉。

**【辩护意见】**

"云某某"商业模式,概括地说就是一个集中消费和销售的系统平台。这种商业模式和淘宝、国美、京东、王府井百货等平台基本一致,就是把商家和消费者聚合到平台上进行交易。

"云某某"申请了多项国家专利,其中最核心的部分是"消费返还"。在"云某某"系统上,无论是买方还是卖方,完成交易后,系统会分配给他们一个"积分"的数据,这是今后参与共享的权重依据。每完成一笔交易,商家需支付交易金额的16%作为消费共享金。这16%转化成积分,分别按消费者占62.5%~74%、商家占10%~11%、市场管理推广者占15%~27.5%进行分配。这个白积分经过每天系统的计量、统计、分配再分享，就变成红积分，也就是红利。"云某某"运营转换的速率一般是每天5%左右分享给买家、商家和推广者。整个系统采取的是"收付同源，以收定支"的原理，永远不会断链。

"云某某"商业模式在2016年期间，曾得到某市工商行政管理局调查和审查定性，认为不符合传销行为的要件，不涉嫌传销活动（这有2016年9月21日登载的《羊城晚报》内容为证）。

2018年5月8日，"云某某"总部被广州市公安局以涉嫌组织、领导传销活动罪侦查，商业系统被查封和冻结。此后，全国其他地区"云某某"关联公司的负责人也被采取刑事强制措施。2018年9月，第一起有关"云某某"的案件在山东省某某区人民法院开庭审理。我们根据目前掌握和了解到的情况，结合山东省某某区人民检察院某区检公刑诉（2018）×××号起诉书和某某区人民法院对案件的审理情况，认为"云某某"商业模式不构成组织、领导传销活动罪，特提出如下的法律意见。

## 一、"云某某"运营模式不具备组织、领导传销活动罪之入门费构成要件特征

"云某某"模式，虽然有普通会员升级金钻、铂钻会员的缴费，但是这里的缴费属于获得经销资格，和传销犯罪的入门费有着本质的区别和不同。请求上级司法机关和有关领导依法审查和查明。

### （一）入门费的法律规定

"入门费"是通俗、日常说法，根据《刑法》第224条之一，以及《办理组织领导传销活动刑事案件的意见》第1条规定，他是指三个部分内容：一是，要求参加者直接缴纳费用；二是，以购买商品名义支付

一笔费用；三是，以接受服务名义支付一笔费用。

其中，第一种是涉嫌传销活动最传统的缴费方式。后两种支付费用的传销活动，是以商品交易为名义或是以提供服务为名义，至于这里的商品是形式上的商品，还是货真价实的商品，还需要结合另外一个要件"计酬或返利建立在什么基础之上"来综合认定。

后两种付费是要求参加者以购买商品或提供服务为名义支付一笔费用，从而获得了加入资格，成为组织的会员。

**（二）"云某某"会员升级的缴费不同于组织、领导传销活动罪的"入门费"构成要件特征和要求**

"云某某"商业模式会员由普通会员、金钻会员和铂钻会员组成。普通会员升级金钻和铂钻会员所缴纳的费用，与传销犯罪意义上的入门费有着本质的区别和不同。

1. 搭建了买卖双方线上交易平台

根据《"云某某"会员协议》和商业模式的设计，"云某某"搭建了线上网络平台，将商品交易的买卖双方置身到平台系统内，将买方列为普通会员，将卖方列为金钻会员和铂钻会员。

其中，普通会员占了系统会员数量的90%，普通会员无须向系统支付任何费用，可以自由进出，也可以注销会员资格。

2. 普通会员升级金钻、铂钻会员的缴费，实质是获得经销资格、取得经销权

按照模式系统设置和要求，普通会员需要升级为金钻会员和铂钻会员，才能取得经销商品的资格，才能销售自己的产品，从事经营活动。这才出现了山东省某某区人民检察院起诉书上所述的普通会员升级金钻缴纳99.9元、升级铂钻缴纳999元的事宜。

但是，这里的缴纳费用，其实是为了获得经销资格、取得经销权、得到销售"摊位"，从而可以在平台上从事经营活动。

### 3. 为获得经销资格和取得经销权缴纳费用，符合法律规定，是允许的

根据国务院《商业特许经营管理条例》第 3 条的规定，对于拥有注册商标、企业标志、专利、专有技术等经营资源的企业❶，以合同形式将其拥有的经营资源许可其他经营者使用，在统一的经营模式下开展经营，并向特许人支付经营费用。❷ 据此规定，"云某某"将自身拥有的经营资源，收取经销会员一定的费用，是为了让其开展经营活动，这是合法的，不违背法律和法规规定。这种做法，也相当于为卖方在平台上取得销售一席之地而缴纳的费用。

### 4. 模式是一个系统的整体、电子商务平台，不能割舍开来

"云某某"拥有普通会员、金钻会员和铂钻会员三个组成部分，缺少普通会员一方，是无法有效完成"云某某"模式核心"消费返利"精髓的运营的。也就是说，不能将普通会员、金钻会员和铂钻会员割舍开来，否则系统不完整，不符合运行机理。割舍相当于否定了整个模式。

但是，某某区人民检察院起诉书中却将"云某某"普通会员、金钻会员和铂钻会员三个组成部分割舍开来，只拿金钻会员和铂钻会员缴纳费用说事，认为是入门费，这是不恰当的，这否定了整个模式，以偏概全，是选择性执法行为，这是错误的。

"云某某"商业模式普通会员占 90%，是会员中绝大部分，是消费

---

❶ 《北京市高级人民法院关于审理商业特许经营合同纠纷案件适用法律若干问题的指导意见》第 2 条规定："经营资源既包括注册商标、企业标志、专利，也包括字号、商业秘密、具有独特风格的整体营业形象，以及在先使用并具有一定影响的未注册商标等能够形成某种市场竞争优势的经营资源。特许人原始取得或经受让取得经营资源，或者取得包括再许可权在内的经营资源独占使用权的，可以视为拥有经营资源。"

❷ 参见上海知识产权法院（2018）沪 73 民终 49 号民事判决书："本院认为，所谓经营资源是指特许人所拥有的商标、企业标志（字号）、专利、专有技术、具有独特风格的整体营业形象等，属于特许人的智力成果和无形资产。"

的主体。金钻会员和铂钻会员占 10%～11%，是为其余 90% 会员的对应销售而设立，不能割舍开来。割舍是违背科学的，意味着执法前即已先行否认了平台整体，也是选择性执法，是错误行为。

5. 升级的缴费，会逐渐返还回来

金钻会员和铂钻会员缴纳的 99.9 元和 999 元，会按照《"云某某"会员协议》逐渐予以返还回来。也就等同于线下实体销售活动，为取得某特许经营厂家的销售经营权缴纳一定费用，在合同期内，根据经销情况，又会逐渐返还给经销商。

6. 某区人民检察院的指控不能否定我们上述观点的正确性。同时，他也不能指正会员升级缴纳费用是适用"以购买商品名义"获得加入资格的付费

因为普通会员升级金钻和铂钻会员，这个时候还没有发生购买商品，是购买商品的前置阶段。普通会员升级为金钻会员和铂钻会员的缴费，是为了取得经销资格，是为后面普通会员购买商品服务，经销会员销售商品做准备的，实际上的购买商品的行为还没有发生；因此，这里还没有以商品作为"道具"，不能适用"以购买商品名义"支付费用的司法解释条款。

7. 控方也不能指正缴费是"以提供服务"为名义，获得加入资格

"云某某"作为一个网络平台，将买卖双方牵引到线上进行平台交易，其功能和属性属于电子商务。这种以电子商务为主要特征的平台，不应定性为线下性质的服务；而且，操作均是由客户自身完成，系统网络已经设置好，显然没有线下服务的特征。因此，控方也不能指证说会员升级缴纳费用是适用"以提供服务名义"获得加入资格的付费。

因此，"云某某"商业模式中普通会员升级为金钻会员、铂钻会员，虽然也有缴纳费用，疑似于"入门费"。但是，它不等同于组织、领导传销活动罪的缴纳的"入门费"，而是为了取得一种经销资格，为

了更好地销售实质商品，并且还会逐步予以返还到会员手中。因此，该经营模式的缴费不同于组织、领导传销活动罪中的"入门费"的条件和特征。

## 二、"云某某"商业模式计酬或者返利依据建立在产品销售业绩上，服务于实体经济，而非建立在人员数量增加上。请求上级司法机关和有关领导予以审查辨明

### （一）组织、领导传销活动罪计酬或返利依据的规定

根据《刑法》第224条之一以及《办理组织领导传销活动刑事案件的意见》第1条规定，组织、领导传销活动罪的认定，其模式直接或者间接以发展人员的数量作为计酬或返利依据。

可以说，组织、领导传销活动罪最核心的要件就是计酬或返利依据是建立在人员数量增加上，这也是区分罪与非罪最重要的内容。

### （二）消费返利实质是促进销售

#### 1. 运行机理决定着消费就是促进销售

根据"云某某"最核心运行部分"消费返利"的内容，每完成一笔消费，系统会给卖方让利16%作为消费共享金。这16%消费共享金转化成白积分，分别按消费者占62.5%～74%、商家占10%～11%、市场管理推广者占15%～27.5%进行分配。然后，每天按照平台运算、统计、分配再分享，就变成红积分，也就是红利。红利可以折算为现金再消费，也可以兑现。

虽然平台给到消费者、商家和市场管理推广者白积分转化红积分的量是很少的，但是，这种模式的优势在于促进消费。消费就是购买商品，另一端说就是销售。因此，这种模式内在运行机理就是促进销售，促进商品流通和市场经济的发展。

### 2. 消费者是最大的受益人

消费者消费的越多就会得到越多的积分积累，分红也就更多。积分来源脱离不了消费，离不开消费计算。这样，让消费者敢于消费、勇于购买，实际上是促进销售。

### 3. 经销会员可争取到更多的销售

经销会员在销售时从让利的 16% 消费创业共享金中，可以得到 10%~11% 的分配，也形成积累和沉淀。这样，也让销售者获得了自己让利的部分利益，敢于销售。平台模式将销售方和消费方两者形成连接，销售方也会不断提高产品的质量和功效，提供更优质服务，不然消费者有更多的选择。如此，经销会员为让更多人消费也会提升自己的创新和研发。

### 4. 市场推广者也建立在商品销售基础上

平台将 16% 消费创业共享金中的 15%~27.5% 分配给市场的推广者和分享者，连接了市场和卖方，最终促进了消费和购买商品，并不以计酬或返利建立在推广者人员数量增加之上。因为推广者和分享者获利极其微小、微不足道，其终端也是为了消费和销售。

## (三) "云某某"商业模式计酬或者返利依据建立在产品销售业绩上

### 1. 销售实实在在、货真价实的商品

"云某某"平台上销售的商品来源于线下实体商家，是实体企业的线上加盟。他们均有着正规生产流程和监管过程，销售的商品有出厂合格证和检验证书。平台销售的是实实在在、货真价实、物美价廉的商品，价格没有虚高，也没有哄抬价格情况。

### 2. 经销会员都有着自己厂家或门店

"云某某"普通会员注册是不需要交费的，进出自由，可以随时注

销。普通会员升级为金钻会员和铂钻会员，或者直接注册金钻会员和铂钻会员的，都是有着自己的实体厂家或门店，进行着线下的销售。只不过，将线下搬到了线上，上下同步，相互呼应，线上以线下实体为依托。

因此，经销会员都是有着可供选择的、货真价实的商品。

**3. "云某某"消费者同样有多种选择权，没有强制消费**

如果经销会员提供的不是货真价实、物有所值和物美价廉的产品，消费者可以选择在平台外购买同类型商品，以市场正常价买到相同类型的产品。消费者具有很多选择性，可以域内也可以域外。

## (四)"云某某"销售有相应的发票和票据，有退货保障机制

**1. 销售建立在实体店基础上**

"云某某"平台模式就是建立在实体销售店的基础上的，保障平台交易的货物是实质交易，不是虚假交易、形式交易、象征性交易。

**2. 实体店有退货机制保障**

消费者购买商品能够得到经销方发立的相应票据、发票和出厂证书等。同时，经销方也有相应后勤保障和退货保障机制，保证到消费者消费没有虚假性。

**3. "云某某"平台有相应监管措施**

以《"云某某"会员协议》为蓝本所确定的"云某某"经营模式是以真实的交易和消费为基础的。协议在第二节"系统规则"部分明确规定："系统规则坚决杜绝虚假交易，投机投资，也请关注系统每天公布的信息变化。如果会员间相互勾结，串通进行虚构交易，一经查实，'云某某'系统将对其进行严厉惩处，即有权取消该会员非法获取的所有积分，并有权收回会员在系统中通过非法兑换积分已经提取的现金，必要时，系统可以注销或冻结该会员的账号。"

### (五) 给区域代理公司和市场推广者奖励积分来源于销售，计酬或返利依据仍建立在商品销售业绩上

消费者消费和商家销售获得的返利积分，建立在产品销售业绩上的计酬或者返利依据是无可厚非的。那么，分配给市场推广者的15%～27.5%，其计酬或返利依据是否建立在人员数量增加上？我们认为，不是建立在人员数量增加上，而是建立在销售产品业绩上。

#### 1. 以消费和销售为前提

这里的分配给推广者的15%～27.5%也是以消费为前提产生的。没有消费，就没有推广和分享之说。这里的推广是建立在消费和销售的基础之上。

#### 2. 分配积分已经微不足道

这里分配给市场推广各方合作主体的15%～27.5%份额微不足道。代理公司奖励、创业会员销售奖励、消费奖励，计算到的点数，已经是微不足道、可不予计算的数额。这数额对于人员数量增加起不了决定性作用，而是起着一般连接作用。人员数量的增加，是由于人的逐利思想和模式返利的优越性，更多的人纷纷注册会员，更多的普通会员升级为经销会员，到"云某某"平台进行买卖交易，这是平台人员数量增加的主要和决定性原因。

#### 3. 分配积分计酬或返利依据终究来源于销售终端

分配给市场推广各方的返利积分来源于销售商品，而不是来源于下面代理公司和人员数量增加上。这里面，计酬或返利的计算来源，同组织、领导传销活动罪中的计算完全是截然相反的。

综上所述，"云某某"平台上销售的是实实在在、货真价实、物美价廉、物有所值的商品，消费者可以以市场正常价买到相同类型的产品。价格和价值相当，没有虚高，产品没有成为道具。这里面的计酬是以销

售产品的业绩为依据，而不是以人员数量的增加为依据。虽然伴随人员数量的增加，但是这不是主因和结果，主因和结果还是消费和购买商品。

### 三、"云某某"模式没有形成计酬或者返利建立在人员数量层级和人数"裙带"关系上

(一)"云某某"会员升级奖励只有一层级关系，没有形成计酬或者返利"裙带"关系

1. 普通会员是没有层级关系的

在"云某某"平台中，普通会员介绍会员加入和消费是没有奖励的。普通会员之间也没有形成任何层级之关系。

2. 普通会员升级金钻、铂钻奖励只给到一层级

普通会员升级金钻、铂钻电商会员，平台给到推广人20%的奖励。但是，这种奖励只给到一层级。在这一层级后，是没有形成层级和"裙带"关系的。

人民检察院起诉书指控"云某某"模式形成层级和人数关系，是与客观事实不符的。广东某某司法鉴定所的鉴定意见、鉴定结论和客观事实不符，有诸多疑点，我们请求不予采纳和采信该意见，理由是：(1)委托鉴定的事项不明确，委托方也没有明确到"层级"的鉴定；(2)鉴定意见上关于"云某某"会员数量的连接，不能证明就是传销犯罪上的层级和人数关系；(3)鉴定结论书明确声明司法鉴定意见书是否作为定案或者认定事实的依据，取决于办案机关的审查判断。也就是说他们的意见只是一个参考。

在具体适用时，和客观事实不完全相符，并且有重大疑点时，根据《刑事诉讼法》第53条的规定，属于不确实充分的证据，应该不能予以采信。

同时,大量证人的证言都证明这种"层级"关系和"云某某"中的"连接"不同,里面计算的数字不知如何得来,层级也没有高达109层等。由此可见,侦查机关将电子数据的连接作为传销的"层级",将两者混同为一体是毫无科学依据的。

(二)"云某某"模式区域代理公司和创业会员消费奖励是连接关系,不是传销犯罪计酬或返利层级和人数"裙带"关系

1. 区域代理公司是行政级别划分,不属于传销犯罪的层级和人数关系

区域代理公司是按照行政级别区域省、市、县、镇、村,加上国家统计局统计的消费水平,形成的1~8级的量级公司。"云某某"平台分配给区域公司的收益积分比例,从1~8级分别为:0.5%、0.6%、0.7%、0.8%、0.9%、1%、1.5%和2%。因此,区域商家企业获得的积分总量不大于8%(按照消费共享金的分配比例小于5%)。

2. 计酬或返利依据是建立在销售商品业绩上,而非建立在区域代理公司或消费者数量"裙带"关系上

市场区域代理公司和消费者消费所给到电商推广会员的奖励,计酬或返利依据是建立在销售商品的业绩上,而非建立在下面这些代理公司或消费者人员数量增加之上。计酬或返利的依据计算来源,同组织、领导传销活动罪中的计算完全是截然相反的。因此,"云某某"商业模式不具备计酬或返利依据建立在人员数量和层级形成"裙带"关系上的问题。

### 四、"云某某"模式没有骗取财物的行为

1. 销售实实在在的商品、货真价实、服务实体经济

"云某某"模式的运行机理实质上是促进了买卖双方交易,促进消费和商品流通与销售。

### 2. 没有欺骗交易、虚假交易

"云某某"杜绝虚假交易、形式交易、欺骗交易。在地方上，个别区域代理公司有过虚假交易现象，被总部及时予以制止。"云某某"模式在经营过程中，由于人的逐利思路，加上模式返利的优势，让很多人纷纷加入到平台上来，也出现过一些不符合总部规定的情形，这是总部坚决杜绝、绝对禁止的，这也有需要整改和改进的地方。

### 3. 模式注重诚信建设、持久经营

"云某某"平台注重消费返利，设计的宗旨是促进产品销售和商品流通，服务于实体经济，促进经济的发展。为此，总部以黄某董事长为首的高层想过不少的办法，总结经验、改进措施、完善制度，从多方面来服务于实体经济，为国家和人民做贡献。同时，也接受相关行政管理部门监督和监管，接受行政干预和内部整改等措施，打造持久合法经营，服务社会。

## 五、模式具有可持续性，不会出现崩盘问题

### 1. 经营模式具有可持续性

市场经济是国家确立的经济发展原则，人们在市场经济环境下有消费需求和消费观，这种消费天天都在发生。有消费就有交易，有交易就有销售，这已经是普天之下共有的消费观和消费行为。

"云某某"平台应该自己收取的16%（如同天猫、京东、唯品会等平台服务费一样），转化为消费创业共享金，然后通过权重形式予以分配。其中，自己平台可以得到一部分，这就是利润来源。加上消费活动不会停止，因此，"云某某"有利润来源，而且平台所拥有资源所致收取交易双方手续费、享有广告收入费等，均可以让平台获利。

## 2. 消费返利支持平台持续经营

"云某某"通过对会员获得的贡献进行记录和共享金分享来实现消费返利还,这种消费返利有科学依据。合作会员的积分主要来源是消费和销售及其他合作创业,奖励给予的积分所占比例较小。返还机制坚持"收支同源、以收定支"的原则,每天取收益总量的一小部分(1%左右)进行当天分享,每天都会剩下大部分(约99%)的共享金待分享,加上人们的消费活动不会停止。这就决定了"云某某"的消费共享的分享(返现)模式的可持续性。

## 3. 某某教授"消费资本论"依据

根据消费者贡献记录与共享金分享来实现消费循环和返还,以"收支同源、以收定支"机理原则实现模式的可持续性,使得消费变成投资资本。这与某某教授等一些金融领域专家关于消费资本论观点异曲同工。

## 4. 国家商务部已经成立消费返利研究中心,认可消费返利商业模式

国家商务部以国际贸易经济合作研究院名义,成立了消费积分研究中心。该研究中心多次召集过中国人民银行、国家市场监督管理总局、中国消费者协会、中国社会科学院金融法律和金融监管研究所、大学教授等人员召开多次研究会议。同时,消费积分问题可以实现商家凝聚会员忠诚度,提高销售活跃性,提升终端消费集中度,促进实物消费升级和推进服务消费提质扩容的重要作用,均得到研究中心及多个国家部委研究机构的充分认可。

## 5. 消费返利平台得到市场认同和喜爱

消费返利模式搭建了消费者和商家共同参与的系统性、专业化平台,综合了电子商务、网络技术、商品营销、消费分流等功能与优势,让商家和企业在平台上进行商品交易,促进销售和实现了各自价值。实

现了创新商业模式为消费者谋福利、为创业者拓商机、为实体经济发展服务，促进消费。这种模式，符合市场经济发展规律的要求，也对经济发展有促进作用，得到市场主体的广泛认同和喜爱。

**六、"云某某"属电子商务平台，有市场存在空间和基础，不能"一棒子"打死**

1. "云某某"的属性是电子商务平台

"云某某"模式以网络为平台进行商务活动，协调和整合信息、货物、资金、市场主体网络活动，为企业或个人提供网上交易、洽谈、撮合机会，消费者、商家可充分利用电子商务平台提供的网络设施服务的支付、安全和管理功能，有效降低消费者和企业成本。

根据《中华人民共和国电子商务法》的规定"云某某"经营模式属于电子商务服务平台，其不同于线下实体经营企业。

2. "云某某"模式有市场存在空间，实质上服务于实体经济

"云某某"平台以网络为工具，依据网络环境和空间，以积分作为计量和计酬或返利工具，实质是促进消费、促进商品流通和销售，服务于实体经济，其计酬或返利依据建立在商品销售业绩之上。

3. "云某某"有疑似组织、领导传销活动罪的行为，却不同于组织、领导传销活动罪，轻易打倒，容易造成错案

"云某某"运行中有疑似组织、领导传销活动罪的行为。但是"云某某"模式不同于组织、领导传销活动罪行为。如前面陈述的"入门费"问题、计酬或返利依据问题、层级和人数问题。"云某某"里面的行为和《刑法》第224条之一规定，以及《办理组织领导传销活动刑事案件的意见》规定组织、领导传销活动罪有疑似之处，但有所不同，其所具有的"不同"从其他科学角度看是促进经济发展和符合市场经济发展规律的。

## 第六章 从实务中看传销犯罪的有效辩护

因此,我们不能"一棒子"打死。任何一种创新模式,都会带着争议,随着争议"偏差"被纠正、规范和完善,模式会走向成熟与稳定。只要主流是好的,就可以认可和给他机会,通过行政干预、引导和有效监管,让企业内部整改,纠正错误和瑕疵。

**4. 对"云某某"的处罚宜降阶为行政处罚,不宜直接采用刑事手段**

"云某某"模式中存在疑似组织、领导传销活动罪的行为,这种疑似行为,准确的定性应该是属于"准团队计酬"。如以销售商品为实,真实交易,没有虚假销售、形式销售和象征性销售;商品的价格和价值相符,没有虚高和抬高交易,有退货线下保障机制;消费者自己不断重复消费和累计消费等。这些均是团队计酬最明显的特征和定性条件,也是和传销犯罪最明显的区别。

因此,"云某某"模式是"团队计酬"活动,计酬或返利依据建立在销售商品业绩之上。这种团队计酬,根据《办理组织领导传销活动刑事案件的意见》第5条第2款的规定,应当不作为犯罪处理,不能直接采取刑事手段。"云某某"模式更是属于电子商务平台,具有第三方让利网络创新属性,是新兴领域、新兴事物,应给其改过自新和纠正偏差的机会。因此,可以通过行政处罚措施进行调整和约束。

综上所述,"云某某"商业模式被广州市公安局以涉嫌组织、领导传销活动罪侦查一案,依据刑法和相关司法解释规定,结合研究、分析,我们认为,模式具有"准团队计酬"特征,确实属于第三方让利平台,属于"双轨制"模式。但是,模式却不构成组织、领导传销活动犯罪。"云某某"模式中的"购买商品""消费"的付费,是付给商品的费用,而商品的价格和价值相符、货真价实、物美价廉。虽然伴随着人员数量的增加形成了一定的"裙带"关系,但是,这些不是主要的,不是最终目的和结果。最终目的和结果是销售实实在在的商品,促进商品流通和经济发展。侦查部门对"云某某"模式侦查构成组织、领导传销活动罪，事实不清、证据不确实、不充分，不能达到《刑事诉讼法》第 53 条定罪标准，合理怀疑不能排除。国家对这种创新型经营模式，应该允许其逐步完善，促进其健康发展和给予改过机会。

（以上内容有作省略。经黄某董事长及其夫人吴老师授权，由张元龙律师写述出具，2018 年 10 月 10~12 日）

**【判决结果】**

一审判决如下：

被告人唐某某犯组织、领导传销活动罪，被判有期徒刑 5 年 6 个月，罚金 50 万元；

被告人王某某被判有期徒刑 1 年 6 个月，缓刑 1 年 6 个月，罚金 8 万元。

**【裁判文书】**

法院经审理查明，认定了如下案件。

（1）"云某某"公司经某市工商行政管理局核准成立于 2014 年×月×日，注册资本为 100 001 万元人民币。公司法定代表人黄某某，实际控制人为董事长黄某（另案处理）。经营范围：网络技术的研究、开发；商品信息咨询服务；企业管理咨询服务；科技信息咨询服务；市场营销策划服务；计算机技术开发、技术服务；投资咨询服务。实际主要经营业务是运营第三方电商平台——"云某某"商城交易平台。

（2）"云某某"公司于成立启用网上注册的"云某某"商城交易管理系统，其商业模式区别其他第三方电商平台，最大的特点是消费积分返还，即在"云某某"商城消费能获得与消费金额对应的白积分。白积分按照"云某某"公司设定的系统规则可以转化成红积分，达到 10 000 分后可以直接消费或提现。积分分为白积分、红积分和库存积分，1 元等于 100 个白、红积分，可购买 625 个库存积分，故"云某某"商城有一个兼具积分记录、分配、返还等功能的后台系统。"云某某"公司设置的返利规则、计酬规则等均以积分的形式对"云某某"商城所有注册会员在商城平台上的交易、兑现、收益等情况进行数据记录、管理。

（3）"云某某"公司规定，要享受消费返还必须先成为"云某某"商城会员，包括商家和消费者，并通过推荐方式发展会员。参与人员通过"云某某"商城或者扫描推荐人的推广二维码等方式即可免费注册成为普通会员，并获得一个注册 ID（会员名），ID 账户是会员权益记录和结算的依据，会员注册时填写推荐人的注册 ID，系统根据推荐关系自动识别记录会员之间的上下线层级关系。会员级别由低到高依次为普通会员、银钻会员（后来已取消）、金钻会员和铂钻会员。用户升级会员时，可通过预存款账户或红积分支付，支付完毕后，系统自动减去用户预付款账户余额或红积分数量，增加用户白积分数量，并提升会员等级（红积分的减少都会对应收取手续费）。普通会员免费注册后只能推荐普通会员，只获得消费的白积分全返，所推荐普通会员的消费没有奖励；普通会员交纳 99.9 元升级为金钻会员，同时获赠 9990 白积分，可以开设网店，获得推荐普通会员和金钻会员权利，并可获得以下业绩提成奖励：可以获得从推荐同级或同级以下的会员所有消费金额的 5% 的白积分奖励；可以获得从推荐同级或同级以下的会员所有销售金额的 2.5% 的白积分奖励；可获得下线会员所有收益（提成式奖励＋嘉奖）的 50% 白积分嘉奖。铂钻会员需要交纳 999 元，同时获赠 99 900 白积分，除享受金钻会员所有的权利外，还可以成为联盟商家、联盟企业，以及参加培训学习、购买代理权和"云某某"公司的股权，还可获得以下业绩提成奖励：可以获得从推荐同级或同级以下的会员所有消费金额的 5% 的白积分奖励；可以获得从推荐同级或同级以下的会员所有销售金额的 2.5% 的白积分奖励；推荐代理或者推荐会员升级时，推荐人可获得代理费或会员费 20% 现金奖励；可获得下线会员所有收益

（提成式奖励+嘉奖）的50%白积分嘉奖；获得推荐代理的股权奖励。

（4）为鼓励发展会员，"云某某"公司设置了"提成"和"嘉奖"两种积分奖励制度内容。

（5）"云某某"公司会员在平台上的消费可分为线下交易及线上交易两种，在"云某某"商城平台上体现为商城订单及线下收银订单两种。线上交易，商家须先通过第三方支付平台，支付平台商家会员ID账户里的红积分或预付款账户支付交易金额的16%给"云某某"公司作为创业共享金，平台数据系统自动生成各账户金额变动记录等内容。

（6）"云某某"商城系统以10 000白积分作为一个转换计量单元参与红积分的转换，不满一个计量单位不参与红积分的转换。"云某某"商城平台系统每天会自动将每个会员ID账户里的白积分以每天万分之5左右的比率转换为红积分（低于一个计量单元则不参与转换），红积分可以直接用于在"云某某"商城消费或者兑换成现金提现。会员ID账户累计超过10 000红积分（等值于100元）才可以提现，提现时"云某某"商城扣除13%的综合费用（10%的税费和3%的手续费）。只要"云某某"商城网站正常运作，白积分每天都会根据上述规则自动返还，直到接近全返。

（7）"云某某"公司按照行政区域和行业类别设置了代理公司制度，在缴纳代理费成为代理后发展商家就能够获得在其代理区域、行业内所有交易额5‰至2%不等的业绩提成，促成新代理的可获得促成奖励等内容。

（8）2017年×月×日，某市公安局依法对"云某某"公司黄某等人涉嫌组织、领导传销活动犯罪成立专案组立案侦查，代号"8·29专案"，并作出相应判决。

【案例评析】

"云某某"可谓是中华人民共和国成立以来最大的一宗涉嫌组织、

## 第六章　从实务中看传销犯罪的有效辩护

领导传销活动罪的案件。该案件主要特点是涉及人数众多、牵扯面广、案件复杂疑难和多元，而且案件中核心问题在于"云某某"公司的"云某某"商城消费返利运营是否涉嫌组织、领导传销活动罪的问题，是否具备组织、领导传销活动罪犯罪构成要件，是否存在庞式骗局问题。该案件的辩护主要集中在模式之罪与非罪的辩护上。这也是当事人委托律师参与到案件中的主要原因和欲实现的目的。笔者认为，案件的争议焦点有4个。

一是"云某某"消费返利模式是涉嫌组织领导传销活动罪还是共享经济与分享经济时代背景特征下创新模式？

消费返利，是指消费者在购物的同时，得到商家给予的相应的现金返还。消费返利模式多见于现代电子商务企业，通过这种模式，消费者得到优惠。同时，消费者也可以借助消费返利平台，得到相应推广平台的费用，从而实现消费创业。消费返利模式，实质是促进商家销售商品、促进商品流通的一种新兴电子商务方式。模式里面，消费者的"付费"，终究是付给商品的费用，而商品的价格和价值只要相符，货真价实、物美价廉，计酬或返利的依据建立在实实在在的商品销售上，虽然伴随着人员数量的增加和形成了一定的人员连接关系，但这些不是为主要也不是最终目的和结果，那么就不属于传销犯罪。

"云某某"搭建了一个网络平台，将买方和卖方都召集到平台上来，让买方消费，卖方销售，通过线上联接，在线下完成买、卖双方交易、兑现，同步生成到线上由卖方让利百分比给买方和平台。模式里面的"消费"，就是让作为会员的一方，向金钻、铂钻的销售一方（厂家或服务提供方）购买商品或接受服务，然后，让销售方或服务提供方让利16%到平台作为返利，由平台再按一定的比例返到消费者手中（62.5%）、销售方（27.5%）和平台（10%）自己。在返利上，运用了积分的计量工具，积分又具体精确到了元、角、分和百分点，由白积分在凌晨整点时转换成红积分，红积分可以兑换现金或再购物。至于消费

155

和销售的对象——商品，可以说是没有问题的，甚至该产品还是物美价廉、物有所值、货真价实的。

二是计酬或者返利依据建立在产品销售业绩上，还是建立在人员数量增加上？

"云某某"消费返利模式，不能说全部行为都涉嫌组织、领导传销活动罪。例如，在计酬依据人与人连接上涉嫌传销，在消费、返利功能上不涉嫌传销。他们又是一个不可分割的整体，先有了商品销售、人的消费，才有了消费返利；有了返利，才有了人和人利益的"连接"，才导致了人员数量的聚积和增多。

无论如何，只要定性组织、领导传销活动罪，就离不开罪名核心构成要件计酬或返利依据是建立在人员数量增加以及缴纳"入门费"上，还是销售商品的"团队计酬"上。

从前述起诉"云某某"消费返利模式内容中，存在普通会员、金钻会员和铂钻会员划分。普通会员缴纳9.9元升级为金钻会员，缴纳999元升级为铂钻会员，金钻、铂钻会员推荐其他会员缴费升级，会得到被推荐会员缴费的20%现金奖励。从此内容上看，模式中设立"推荐奖"奖项，容易涉嫌和被认为是直接以发展人员的数量作为计酬和返利依据，符合传销犯罪的构件特征。从"云某某"模式中有销售方、有销售商品、有购买方即消费者、有计酬或返利问题、有组成层级和人数问题，这些问题都是传销犯罪构罪要件的重要内容。从有实质销售和购买货真价实、物美价廉的商品来看，这些特征，更符合实质产品销售的"团队计酬"型，尚未上升到组织、领导传销活动罪。这些，均应成为我们思考和斟酌的重点。

三是"云某某"模式是否形成传销组织的层级和人数"裙带"关系？

依据山东省某某区人民检察院起诉书的内容，"云某某"公司设定，只有成为公司会员才能享受消费全返，注册成为新会员必须要有推荐人推荐。参与人通过"云某某"商城注册需要填写推荐人注册ID，

## 第六章 从实务中看传销犯罪的有效辩护

通过扫描推荐人的推广二维码也可注册成为普通会员，系统据此确定上下线关系，上下线不限层级，按推荐顺序可无限发展。会员升级缴纳的费用归"云某某"公司管理和使用。"云某某"公司设立推荐奖等奖项，直接以发展人员的数量作为计酬和返利依据。

从起诉内容上来看，其指控"云某某"模式是以推荐会员得到新加入会员缴纳费用的"推荐奖"作为计酬或返利之依据，并形成人员间"裙带"关系。当然，"云某某"模式中有很多种计酬或返利依据，前述"推荐奖"只是其中一种。更重要的是，"云某某"模式中消费者自行消费、重复消费、不断反复消费，这样形成的计酬或返利依据，在比例上，恐怕建立在销售商品业绩之上要比建立在人员数量增加"裙带"之上的权重要大得多。

四是"云某某"模式是否存在骗取财物行为，模式可否持续，以及会否出现崩盘？

消费返利具有"团队计酬"的特征。如果返利平台上销售的商品是货真价实、物美价廉、物有所值，消费者可以以市场正常价买到相同类型的产品，而且，销售方还让利16%给到消费者、平台和销售方，这种让利就是消费返利模式的优势性所在，这也是成为吸引消费的动因和人员数量暴增的内因。这也相应的证明了，人员数量的增加，不单纯靠涉嫌传销活动虚假宣传、引诱或胁迫引起，还依赖于平台自身模式的优越性。

至于层级和人数上，代理公司奖励创业会员销售奖励、消费奖励，计算到的点数，已经是非常少的数额，这数额对于人员数量增加起不了决定性作用，而是起着一般连接作用。而销售商品的返利，才是导致人们消费选择的主要诱因。

模式中持续返利和"让消费成为资本"原理的优越性，可以促进商品流通，促进人们消费，有利于经济发展。"云某某"消费返利模式从事实根据和适用法律上，就不可避免会涉及模式团队计酬，还是组织、领导传销活动罪问题。但是，从其创新积极一面和商务属性上看，它又有着第三方让利平台和运用"消费资本"的理论在其中，更倾向于调节市场供需关系，通过卖方让利，刺激和促进双方的交易，从而促进了商品的流通。

**【律师建议】**

该案件的辩护主要集中在"云某某"运营的消费返利模式的罪与非罪的辩护上。案件事实又集中于传统传销犯罪认定与新时期"消费返利"电商模式两者多处的交叉与融合，其中穿插了很多种新型的知识。如果，通过网络搭建的"消费返利"模式，平台上销售的商品确实是实实在在、货真价实、物美价廉和物有所值的产品，消费者可以以市场正常价买到相同类型的产品，这里，价格和价值相当，没有虚高，产品没有成为道具。虽然，伴随着有人员数量的增加，但是，这不是主因和结果，其最终目的还是消费和购买商品，是为了销售实实在在的商品，促进商品流通和经济发展。至于，代理商出钱购买代理资格、购买积分问题（前者有等额积分赠送），还有形成资金池问题，均是为了销售商品，目的还是销售货真价实的商品。那么，这样的消费返利模式就具备"团队计酬"特征，更属于第三方让利的新型电子商务平台。如果对于该新型运营模式，通过一定的行政干预与监管，加以政策引导，或引入第三方机构强行企业合规，引导其走向正确、健康、合法的运营之路上来，还是能够达到促进商品的流通和服务于市场经济发展的目的的。

# 第七章 相关法律、法规和解释

# 第七章 相关法律、法规和解释

## 第一节 刑法

### 《刑法》第224条之一

【组织、领导传销活动罪】组织、领导以推销商品、提供服务等经营活动为名，要求参加者以缴纳费用或者购买商品、服务等方式获得加入资格，并按照一定顺序组成层级，直接或者间接以发展人员的数量作为计酬或者返利依据，引诱、胁迫参加者继续发展他人参加，骗取财物，扰乱经济社会秩序的传销活动的，处五年以下有期徒刑或者拘役，并处罚金；情节严重的，处五年以上有期徒刑，并处罚金。

### 《中华人民共和国刑法修正案（七）》（节选）

（2009年2月28日第十一届全国人民代表大会常务委员会第七次会议通过）

四、在刑法第二百二十四条后增加一条，作为第二百二十四条之一："组织、领导以推销商品、提供服务等经营活动为名，要求参加者以缴纳费用或者购买商品、服务等方式获得加入资格，并按照一定顺序组成层级，直接或者间接以发展人员的数量作为计酬或者返利依据，引诱、胁迫参加者继续发展他人参加，骗取财物，扰乱经济社会秩序的传销活动的，处五年以下有期徒刑或者拘役，并处罚金；情节严重的，处五年以上有期徒刑，并处罚金。"

## 第二节　行政法

### 《禁止传销条例》

**第一章　总则**

**第一条**　为了防止欺诈，保护公民、法人和其他组织的合法权益，维护社会主义市场经济秩序，保持社会稳定，制定本条例。

**第二条**　本条例所称传销，是指组织者或者经营者发展人员，通过对被发展人员以其直接或者间接发展的人员数量或者销售业绩为依据计算和给付报酬，或者要求被发展人员以交纳一定费用为条件取得加入资格等方式牟取非法利益，扰乱经济秩序，影响社会稳定的行为。

**第三条**　县级以上地方人民政府应当加强对查处传销工作的领导，支持、督促各有关部门依法履行监督管理职责。

县级以上地方人民政府应当根据需要，建立查处传销工作的协调机制，对查处传销工作中的重大问题及时予以协调、解决。

**第四条**　工商行政管理部门、公安机关应当依照本条例的规定，在各自的职责范围内查处传销行为。

第五条 工商行政管理部门、公安机关依法查处传销行为,应当坚持教育与处罚相结合的原则,教育公民、法人或者其他组织自觉守法。

第六条 任何单位和个人有权向工商行政管理部门、公安机关举报传销行为。工商行政管理部门、公安机关接到举报后,应当立即调查核实,依法查处,并为举报人保密;经调查属实的,依照国家有关规定对举报人给予奖励。

**第二章 传销行为的种类与查处机关**

第七条 下列行为,属于传销行为:

(一)组织者或者经营者通过发展人员,要求被发展人员发展其他人员加入,对发展的人员以其直接或者间接滚动发展的人员数量为依据计算和给付报酬(包括物质奖励和其他经济利益,下同),牟取非法利益的;

(二)组织者或者经营者通过发展人员,要求被发展人员交纳费用或者以认购商品等方式变相交纳费用,取得加入或者发展其他人员加入的资格,牟取非法利益的;

(三)组织者或者经营者通过发展人员,要求被发展人员发展其他人员加入,形成上下线关系,并以下线的销售业绩为依据计算和给付上线报酬,牟取非法利益的。

第八条 工商行政管理部门依照本条例的规定,负责查处本条例第七条规定的传销行为。

第九条 利用互联网等媒体发布含有本条例第七条规定的传销信息的,由工商行政管理部门会同电信等有关部门依照本条例的规定查处。

第十条 在传销中以介绍工作、从事经营活动等名义欺骗他人离开居所地非法聚集并限制其人身自由的,由公安机关会同工商行政管理部门依法查处。

第十一条 商务、教育、民政、财政、劳动保障、电信、税务等有关部门和单位,应当依照各自职责和有关法律、行政法规的规定配合工商行政管理部门、公安机关查处传销行为。

第十二条 农村村民委员会、城市居民委员会等基层组织,应当在当地人民政府指导下,协助有关部门查处传销行为。

第十三条 工商行政管理部门查处传销行为,对涉嫌犯罪的,应当依法移送公安机关立案侦查;公安机关立案侦查传销案件,对经侦查不构成犯罪的,应当依法移交工商行政管理部门查处。

**第三章 查处措施和程序**

第十四条 县级以上工商行政管理部门对涉嫌传销行为进行查处时,可以采取下列措施:

(一)责令停止相关活动;

(二)向涉嫌传销的组织者、经营者和个人调查、了解有关情况;

(三)进入涉嫌传销的经营场所和培训、集会等活动场所,实施现场检查;

(四)查阅、复制、查封、扣押涉嫌传销的有关合同、票据、账簿等资料;

(五)查封、扣押涉嫌专门用于传销的产品(商品)、工具、设备、原材料等财物;

(六)查封涉嫌传销的经营场所;

(七)查询涉嫌传销的组织者或者经营者的账户及与存款有关的会计凭证、账簿、对账单等;

(八)对有证据证明转移或者隐匿违法资金的,可以申请司法机关予以冻结。

工商行政管理部门采取前款规定的措施,应当向县级以上工商行政管理部门主要负责人书面或者口头报告并经批准。遇有紧急情况需要当场采取前款规定措施的,应当在事后立即报告并补办相关手续;其中,实施前款规定的查封、扣押,以及第(七)项、第(八)项规定的措施,应当事先经县级以上工商行政管理部门主要负责人书面批准。

**第十五条** 工商行政管理部门对涉嫌传销行为进行查处时,执法人员不得少于2人。

执法人员与当事人有直接利害关系的,应当回避。

**第十六条** 工商行政管理部门的执法人员对涉嫌传销行为进行查处时,应当向当事人或者有关人员出示证件。

**第十七条** 工商行政管理部门实施查封、扣押,应当向当事人当场交付查封、扣押决定书和查封、扣押财物及资料清单。

在交通不便地区或者不及时实施查封、扣押可能影响案件查处的,可以先行实施查封、扣押,并应当在24小时内补办查封、扣押决定书,送达当事人。

**第十八条** 工商行政管理部门实施查封、扣押的期限不得超过30日;案件情况复杂的,经县级以上工商行政管理部门主要负责人批准,可以延长15日。

对被查封、扣押的财物,工商行政管理部门应当妥善保管,不得使用或者损毁;造成损失的,应当承担赔偿责任。但是,因不可抗力造成的损失除外。

**第十九条** 工商行政管理部门实施查封、扣押,应当及时查清事实,在查封、扣押期间作出处理决定。

对于经调查核实属于传销行为的,应当依法没收被查封、扣押的非法财物;对于经调查核实没有传销行为或者不再需要查封、扣押的,应当在作出处理决定后立即解除查封,退还被扣押的财物。

工商行政管理部门逾期未作出处理决定的,被查封的物品视为解除查封,被扣押的财物应当予以退还。拒不退还的,当事人可以向人民法院提起行政诉讼。

**第二十条** 工商行政管理部门及其工作人员违反本条例的规定使用或者损毁被查封、扣押的财物,造成当事人经济损失的,应当承担赔偿责任。

第二十一条 工商行政管理部门对涉嫌传销行为进行查处时，当事人有权陈述和申辩。

第二十二条 工商行政管理部门对涉嫌传销行为进行查处时，应当制作现场笔录。

现场笔录和查封、扣押清单由当事人、见证人和执法人员签名或者盖章，当事人不在现场或者当事人、见证人拒绝签名或者盖章的，执法人员应当在现场笔录中予以注明。

第二十三条 对于经查证属于传销行为的，工商行政管理部门、公安机关可以向社会公开发布警示、提示。

向社会公开发布警示、提示应当经县级以上工商行政管理部门主要负责人或者公安机关主要负责人批准。

### 第四章 法律责任

第二十四条 有本条例第七条规定的行为，组织策划传销的，由工商行政管理部门没收非法财物，没收违法所得，处50万元以上200万元以下的罚款；构成犯罪的，依法追究刑事责任。

有本条例第七条规定的行为，介绍、诱骗、胁迫他人参加传销的，由工商行政管理部门责令停止违法行为，没收非法财物，没收违法所得，处10万元以上50万元以下的罚款；构成犯罪的，依法追究刑事责任。

有本条例第七条规定的行为，参加传销的，由工商行政管理部门责令停止违法行为，可以处2000元以下的罚款。

第二十五条 工商行政管理部门依照本条例第二十四条的规定进行处罚时，可以依照有关法律、行政法规的规定，责令停业整顿或者吊销营业执照。

第二十六条 为本条例第七条规定的传销行为提供经营场所、培训场所、货源、保管、仓储等条件的，由工商行政管理部门责令停止违法行为，没收违法所得，处5万元以上50万元以下的罚款。

为本条例第七条规定的传销行为提供互联网信息服务的，由工商行政管理部门责令停止违法行为，并通知有关部门依照《互联网信息服务管理办法》予以处罚。

第二十七条 当事人擅自动用、调换、转移、损毁被查封、扣押财物的，由工商行政管理部门责令停止违法行为，处被动用、调换、转移、损毁财物价值5%以上20%以下的罚款；拒不改正的，处被动用、调换、转移、损毁财物价值1倍以上3倍以下的罚款。

第二十八条 有本条例第十条规定的行为或者拒绝、阻碍工商行政管理部门的执法人员依法查处传销行为，构成违反治安管理行为的，由公安机关依照治安管理的法律、行政法规规定处罚；构成犯罪的，依法追究刑事责任。

第二十九条 工商行政管理部门、公安机关及其工作人员滥用职权、玩忽职守、徇私舞弊，未依照本条例规定的职责和程序查处传销行为，或者发现传销行为不予查处，或者支持、包庇、纵容传销行为，构成犯罪的，对直接负责的主管人员和其他直接责任人员，依法追究刑事责任；尚不构成犯罪的，依法给予行政处分。

**第五章 附则**

第三十条 本条例自2005年11月1日起施行。

## 第三节 司法解释

目前，对于组织、领导传销活动罪司法解释上，只有2013年制定出的《办理组织领导传销活动刑事案件的意见》，除此外，没有其他解释。另外，说明一下，这部解释不仅是由最高人民法院、最高人民检察院联合制定，还由公安部参与，共同作为发文单位。内容如下：

## 最高人民法院、最高人民检察院、公安部
## 《关于办理组织领导传销活动刑事案件适用法律若干问题的意见》

公通字〔2013〕37号

各省、自治区、直辖市高级人民法院，人民检察院，公安厅、局，解放军军事法院、军事检察院，新疆维吾尔自治区高级人民法院生产建设兵团分院，新疆生产建设兵团人民检察院、公安局：

为解决近年来公安机关、人民检察院、人民法院在办理组织、领导传销活动刑事案件中遇到的问题，依法惩治组织、领导传销活动犯罪，根据刑法、刑事诉讼法的规定，结合司法实践，现就办理组织、领导传销活动刑事案件适用法律问题提出以下意见：

**一、关于传销组织层级及人数的认定问题**

以推销商品、提供服务等经营活动为名，要求参加者以缴纳费用或者购买商品、服务等方式获得加入资格，并按照一定顺序组成层级，直接或者间接以发展人员的数量作为计酬或者返利依据，引诱、胁迫参加者继续发展他人参加，骗取财物，扰乱经济社会秩序的传销组织，其组织内部参与传销活动人员在三十人以上且层级在三级以上的，应当对组织者、领导者追究刑事责任。

组织、领导多个传销组织，单个或者多个组织中的层级已达三级以上的，可将在各个组织中发展的人数合并计算。

组织者、领导者形式上脱离原传销组织后，继续从原传销组织获取报酬或者返利的，原传销组织在其脱离后发展人员的层级数和人数，应当计算为其发展的层级数和人数。

办理组织、领导传销活动刑事案件中，确因客观条件的限制无法逐一收集参与传销活动人员的言词证据的，可以结合依法收集并查证属实

的缴纳、支付费用及计酬、返利记录,视听资料,传销人员关系图,银行账户交易记录,互联网电子数据,鉴定意见等证据,综合认定参与传销的人数、层级数等犯罪事实。

**二、关于传销活动有关人员的认定和处理问题**

下列人员可以认定为传销活动的组织者、领导者:

(一)在传销活动中起发起、策划、操纵作用的人员;

(二)在传销活动中承担管理、协调等职责的人员;

(三)在传销活动中承担宣传、培训等职责的人员;

(四)曾因组织、领导传销活动受过刑事处罚,或者一年以内因组织、领导传销活动受过行政处罚,又直接或者间接发展参与传销活动人员在十五人以上且层级在三级以上的人员;

(五)其他对传销活动的实施、传销组织的建立、扩大等起关键作用的人员。

以单位名义实施组织、领导传销活动犯罪的,对于受单位指派,仅从事劳务性工作的人员,一般不予追究刑事责任。

**三、关于"骗取财物"的认定问题**

传销活动的组织者、领导者采取编造、歪曲国家政策,虚构、夸大经营、投资、服务项目及盈利前景,掩饰计酬、返利真实来源或者其他欺诈手段,实施刑法第二百二十四条之一规定的行为,从参与传销活动人员缴纳的费用或者购买商品、服务的费用中非法获利的,应当认定为骗取财物。参与传销活动人员是否认为被骗,不影响骗取财物的认定。

**四、关于"情节严重"的认定问题**

对符合本意见第一条第一款规定的传销组织的组织者、领导者,具有下列情形之一的,应当认定为刑法第二百二十四条之一规定的"情节严重":

(一)组织、领导的参与传销活动人员累计达一百二十人以上的;

(二)直接或者间接收取参与传销活动人员缴纳的传销资金数额累

计达二百五十万元以上的；

（三）曾因组织、领导传销活动受过刑事处罚，或者一年以内因组织、领导传销活动受过行政处罚，又直接或者间接发展参与传销活动人员累计达六十人以上的；

（四）造成参与传销活动人员精神失常、自杀等严重后果的；

（五）造成其他严重后果或者恶劣社会影响的。

### 五、关于"团队计酬"行为的处理问题

传销活动的组织者或者领导者通过发展人员，要求传销活动的被发展人员发展其他人员加入，形成上下线关系，并以下线的销售业绩为依据计算和给付上线报酬，牟取非法利益的，是"团队计酬"式传销活动。

以销售商品为目的、以销售业绩为计酬依据的单纯的"团队计酬"式传销活动，不作为犯罪处理。形式上采取"团队计酬"方式，但实质上属于"以发展人员的数量作为计酬或者返利依据"的传销活动，应当依照刑法第二百二十四条之一的规定，以组织、领导传销活动罪定罪处罚。

### 六、关于罪名的适用问题

以非法占有为目的，组织、领导传销活动，同时构成组织、领导传销活动罪和集资诈骗罪的，依照处罚较重的规定定罪处罚。

犯组织、领导传销活动罪，并实施故意伤害、非法拘禁、敲诈勒索、妨害公务、聚众扰乱社会秩序、聚众冲击国家机关、聚众扰乱公共场所秩序、交通秩序等行为，构成犯罪的，依照数罪并罚的规定处罚。

### 七、其他问题

本意见所称"以上"、"以内"，包括本数。

本意见所称"层级"和"级"，系指组织者、领导者与参与传销活动人员之间的上下线关系层次，而非组织者、领导者在传销组织中的身份等级。

## 第七章 相关法律、法规和解释

对传销组织内部人数和层级数的计算,以及对组织者、领导者直接或者间接发展参与传销活动人员人数和层级数的计算,包括组织者、领导者本人及其本层级在内。

最高人民法院
最高人民检察院
公　安　部
2013 年 11 月 14 日

# 参考文献

# 参考文献

[1] 高铭暄,马克昌. 刑法学[M]. 4版. 北京:北京大学出版社,1999.

[2] 张明楷. 刑法学[M]. 3版. 北京:法律出版社,2011.

[3] 张明楷. 刑法分则的解释原理[M]. 北京:中国人民大学出版社,1999.

[4] 陈泽宪,柳华文. 人权领域的国际合作与中国视角[M]. 北京:中国政法大学出版社,2017.

[5] 陈泽宪. 刑事法前沿[M]. 第八卷. 北京:社会科学文献出版社,2015.

[6] 孙宪忠. 中国物权法总论[M]. 3版. 北京:法律出版社,2014.

[7] 李明德. 知识产权法[M]. 2版. 北京:法律出版社,2014.

[8] 邵维国. 刑法总论[M]. 北京:中国政法大学出版社,2017.

[9] 赵秉志,李希慧. 刑法各论[M]. 3版. 北京:中国人民大学出版社,2016.

[10] 张明楷. 诈骗罪与金融诈骗罪研究[M]. 北京:清华大学出版社,2006.

[11] 毕志强,肖介清,汪海鹏. 个罪情节释解与适用[M]. 北京:人民法院出版社,2006.

[12] 刘宪权. 中国刑法学讲演录[M]. 北京:人民出版社,2011.

[13] 陈兴良. 判例刑法学[M]. 教学版. 北京:中国人民大学出版社,2009.

[14] 张元龙. 经济犯罪有效辩护实务经验谈——公司辩护联盟中南刑辩论坛微信群讲座集[M]. 北京:知识产权出版社,2018.

[15] 陈兴良,周光权,车浩副. 刑法各论精释(上)[M]. 北京:人民法院出版社,2017.

[16] 张远煌,向泽选. 企业家犯罪分析与刑事风险防控报告[M]. 2015-2016

年卷. 北京：北京大学出版社，2017.

[17] 陈兴良. 组织、领导传销活动罪：性质与界限 [J]. 政法论坛，2016，34（2）：106-120.

[18] 王良顺. 论我国刑法中的图利目的 [J]. 中南政法学院学报，1992，(2)：36-39.

[19] 张明楷. 传销犯罪的基本问题 [J]. 政治与法律，2009，(9)：27-33.

[20] 单丹，王铼. 刑法视角下的资金池 [J]. 山东警察学院学，2018，(2)：66-71.

[21] 张元龙. 组织、领导传销活动罪司法实务认定六大焦点和难点问题解析（上）[DB/OL]. http://www.148hb.com/lectureview/741.html. [2018-05-21].

[22] 张元龙. 组织、领导传销活动罪司法实务认定六大焦点和难点问题解析（下）[DB/OL]. http://www.148hb.com/lectureview/869.html [2018-06-05].

[23] 赖建平. 网络传销犯罪之人数及层级辩护——电子数据、鉴定意见质证 [DB/OL]. http://www.148hb.com/lectureview/1617.html [2018-07-02].

[24] 张元龙. 网络"智能化"助推层级和人数"裙带"关系形成 [DB/OL]. http://www.148hb.com/crimeview/7504.html [2018-12-18].

[25] 张元龙. 组织领导传销活动罪电子数据取得之"网络记载图"质证与辩护 [DB/OL]. http://www.148hb.com/lectureview/1617.html [2018-07-02].

[26] 张元龙. 消费返的"利"对于人员数量剧增、"井喷"决定作用，较传统传销犯罪已经有着差别 [DB/OL]. http://148hb.com/crimeview/8010.htmll [2019-02-25].

[27] 张元龙. 谈消费积分 [EB/OL]. 微信公众号"传辩与直合研究" [2018-10-15].

[28] 裁判文书：吴云霞等组织领导传销罪一审刑事判决书 [DB/OL].

# 后 记

# 后 记

经过一年的时间，笔者终于写完了这本书。由于是对犯罪构成要件具体要素的研究和分析，笔者在查阅这方面资料和参考同行写作文章时，发现这方面内容十分缺乏。本书写作完成得益于以下两方面。

一是，笔者所在团队有近 10 年办理多宗传销犯罪领域大案、要案辩护的经验。笔者要感谢自己团队的成员，龙元富律师、陈运年律师、戴剑敏律师，以及因为办理传销案件进行过交流和探讨的王思鲁律师、唐柏成律师、顾宁律师、吴海涌律师等。

二是，笔者所在的"华夏国际传销犯罪辩护和返销合规研究中心"平台提供了研究机会。

2016 年，在北京泽永律师事务所、广东登润律师事务所、广东广强律师事务所、广西奎路律师事务所（今转换为广西海底捞律师事务所）召集下设立了华夏公司辩护联盟。同时，在联盟下分别设立了非法集资辩护课题组，传销犯罪辩护课题组，非法经营罪辩护课题组，企业贿赂犯罪、走私犯罪辩护课题组等。其中，传销犯罪辩护课题组后又更名为了"华夏国际传销犯罪辩护和直销合规研究中心"。

2018 年，该研究中心分别在"中南刑辩论坛""公司辩护联盟"等微信群开展了线上讲座。由笔者主讲，其他联盟理事担任点评，这在一定程度上也刺激和激发了笔者的研究热情。在此期间，笔者查阅了相关资料，总结和梳理了历年来我们办理传销案件的辩护成果和智慧，提炼了之前很多关于传销犯罪领域的文章内容。

因此，在这里要感谢为讲座付出的工作人员，如周媛薇主任、滑莹律师、李靖梅律师。同时，要感谢为讲座一同作出研究和分析的点评人员、刑辩界大咖，他们是该研究中心秘书长刘运坤律师、广东金桥百信廖莘律师、浙江邓楚开博士后、浙江赖建平律师、北京黄文涛主任、福建翁京才博士等。

同时，基于自己一定的学习任务。2016年，笔者参加了中国社会科学院法学博士课程班的学习，必须完成一本个人专著和一项部级课题。学习任务的压力让我充满动力。为此，笔者要感谢中国社会科学院刑法指导老师陈泽宪的关怀和关心，他在百忙之中，为笔者书籍的写作提出了重要的建议。

当然，笔者对刑法单个罪名的研究写成书籍尚属于第一次，难免存在一些不足和需要提升的空间。加之，笔者作为一线实战律师，办理案件占据了很多时间，在收集素材、参照资料上，投入的时间和精力不够，因此，对本罪名的论著存在欠缺。在此，笔者真诚希望律师界同仁、法律职业共同体朋友和学术界老师指正，提出宝贵意见。

张元龙

2019年3月于广州